# 众神的天空

## 远古神话与传说

《中国大百科全书》青少年拓展阅读版编委会　编

中国大百科全书出版社

**图书在版编目（CIP）数据**

众神的天空·远古神话与传说/《中国大百科全书》青少年拓展阅读
版编委会编 . —北京：中国大百科全书出版社，2019.9

（中国大百科全书：青少年拓展阅读版）

ISBN 978-7-5202-0598-6

Ⅰ . ①众… Ⅱ . ①中 … Ⅲ . ①民间文学—文学史—中国—古代—青少年
读物②少数民族文学—文学史—中国—古代—青少年读物 Ⅳ . ① I207.709-
49 ② I207.9-49

中国版本图书馆 CIP 数据核字（2019）第 208796 号

| | | |
|---|---|---|
| **出 版 人** | 刘国辉 | |
| **策划编辑** | 李默耘　程　园 | |
| **责任编辑** | 程　园 | |
| **封面设计** | WONDERLAND Book design 仙境 QQ:344581934 | |
| **责任印制** | 李　鹏 | |
| **出版发行** | 中国大百科全书出版社 | |
| **地　　址** | 北京阜成门北大街 17 号 | |
| **邮　　编** | 100037 | |
| **网　　址** | http://www.ecph.com.cn | |
| **电　　话** | 010-88390739 | |
| **印　　刷** | 蠡县天德印务有限公司 | |
| **开　　本** | 710 毫米 ×1000 毫米　1/16 | |
| **字　　数** | 69 千字 | |
| **印　　张** | 7 | |
| **版　　次** | 2019 年 9 月第 1 版 | |
| **印　　次** | 2020 年 1 月第 1 次印刷 | |
| **定　　价** | 32.00 元 | |

本书如有印装质量问题，请与出版社联系调换

# 序

百科全书（encyclopedia）是概要介绍人类一切门类知识或某一门类知识的工具书。现代百科全书的编纂是西方启蒙运动的先声，但百科全书的现代定义实际上源自人类文明的早期发展方式：注重知识的分类归纳和扩展积累。对知识的分类归纳关乎人类如何认识所处身的世界，所谓"辨其品类""命之以名"，正是人类对日月星辰、草木鸟兽等万事万象基于自我理解的创造性认识，人类从而建立起对应于物质世界的意识世界。而对知识的扩展积累，则体现出在社会的不断发展中人类主体对信息广博性的不竭追求，以及现代科学观念对知识更为深入的秩序性建构。这种广博系统的知识体系，是一个国家和一个时代科学文化高度发展的标志。

中国古代类书众多，但现代意义上的百科全书事业开创于1978年，中国大百科全书出版社的成立即肇基于此。百科社在党中央、国务院的高度重视和支持下，于1993年出版了《中国大百科全书》（第一版）（74卷），这是中国第一套按学科分卷的大百科全书，结束了中国没有自己的百科全书的历史；2009年又推出了《中国大百科全书》（第二版）（32卷），这是中国第一部采用汉语拼音为序、与国际惯例接轨的现代综合性百科全书。两版百科全书用时三十年，先后共有三万多名各学科各领域最具代表性的专家学者参与其中。目前，中国大百科全书出版社继续致力于《中国大百科全书》（第三版）这一数字化时代新型百科全书的编纂工作，努力构建基于信息化技术和互联网，进行知识生产、分发和传播的国家大型公共知识服务平台。

从图书纸质媒介到公共知识平台，这一介质与观念的变化折射出知识在当代的流动性、开放性、分享性，而努力为普通人提供整全清晰的知识脉络和日常应用的资料检索之需，正愈加成为传统百科全书走出图书馆、服务不同层级阅读人群的现实要求与自我期待。

《〈中国大百科全书〉青少年拓展阅读版》正是在这样的期待中应运而生的。本套丛书依据《中国大百科全书》（第一版）及《中国大百科全书》（第二版）内容编选，在强调知识内容权威准确的同时力图实现服务的分众化，为青少年拓展阅读提供一套真正的校园版百科全书。丛书首先参照学校教育中的学科划分确定知识领域，然后在各类知识领域中梳理不同知识脉络作为分册依据，使各册的条目更紧密地结合学校

课程与考纲的设置，并侧重编选对于青少年来说更为基础性和实用性的条目。同时，在条目中插入便于理解的图片资料，增加阅读的丰富性与趣味性；封面装帧也尽量避免传统百科全书"高大上"的严肃面孔，设计更为青少年所喜爱的阅读风格，为百科知识向未来新人的分享与传递创造更多的条件。

百科全书是蔚为壮观、意义深远的国家知识工程，其不仅要体现当代中国学术积累的厚度与知识创新的前沿，更要做好为未来中国培育人才、启迪智慧、普及科学、传承文化、弘扬精神的工作。《〈中国大百科全书〉青少年拓展阅读版》愿做从百科全书大海中取水育苗的"知识搬运工"，为中国少年睿智卓识的迸发尽心竭力。

本书编委会

2019 年 9 月

# 目 录

# 盘古神话

关于天地开辟的神话。盘古神话，始见于《艺文类聚》所引三国时吴人徐整的《三五历纪》和清人马骕《绎史》所引《五运历年纪》。

盘古神话的内容大概是说，远古时天地混沌像个大鸡蛋，盘古就生长在这个大鸡蛋中。经过一万八千年，天和地分裂开来，阳清为天，阴浊为地。盘古在天地当中，智慧超过天，能力超过地。天，每天升高一丈；地，每天加厚一丈。盘古的身子也每天伸长一丈。这样又经过一万八千年，天极高了，地极厚了，盘古的身子也极长了。

盘古临死时，呼出的气成了风和云，声音成了雷霆，左眼变成太阳，右眼变成月亮，四肢五体变成大地的四极和五方的名山，血液变成江河，筋脉变成道路，肌肤变成田土，头发和髭须变成天上的星星，皮肤上的汗毛变成草和树木，牙齿和骨头变成金属

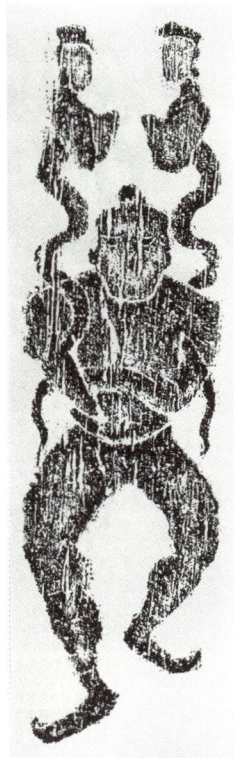

盘古、伏羲、女娲图（河南南阳魏公桥汉墓中的盘古画像砖拓片）

的矿物和岩石，精液和骨髓变成珍珠和美玉，流的汗变成雨……盘古用他的身体化成世界万物。

盘古神话虽未见于先秦古籍，但它和《山海经》所记的烛龙神话却有相似之处，或者就是这一神话的演变，后来又吸收了南方民族盘瓠传说的某些因素，才创造出这样一个开天辟地的神话人物。到明末周游写《开辟衍绎》，盘古手里又给加上了斧头和凿子这两件劳动工具，故事内容发展为包含劳动开辟天地的观念。

## 三皇五帝传说

中国传说时代的古史系统，是随着古代文明和文化的发展，经过战国秦汉数次对古史传说的综合整理而逐步形成。

"三皇"一词出现于战国，如楚辞有西皇、东皇、上皇等。当时又有天皇、地皇、泰皇之名，称为"三皇"。在《周礼》《吕氏春秋》与《庄子》中，始有指人主的"三皇五帝"。到汉代才形成几种置在五帝前的"三皇"说，如：①燧人、伏羲、神农，见《尚书大传》，《礼含文嘉》《春秋命历序》亦同，而以燧人居中。②伏羲、女娲、神农，见《春秋运斗枢》。③伏羲、祝融、神农，见《礼号谥记》。《孝经钩命决》引《礼》同此，但以祝融居末。④伏羲、神农、共工，见《通鉴外纪》。⑤伏羲、神农、黄帝。西汉末的《世经》所排古史系统，在黄帝和颛顼之间加有少昊金天氏，使战国时说的"五帝"中多了一帝。于是有人把原五帝之首的黄帝升为三皇，与伏羲、神农并列。首先是《礼稽命徵》持此说，张衡上汉顺帝书及其后的皇甫谧《帝王世纪》亦从之。

汉代仍有以天皇、地皇、人皇为三皇说，见于西汉末纬书《春秋命历序》《始学篇》等。道教经典中的三皇分初、中、后三组："初三皇"还具人形；"中三皇"则具人面蛇身或龙身，一说以中地皇为有巢氏、中人皇为燧人氏；"后三皇"中的"后天皇"人首蛇身（即伏羲），"后地皇"人首蛇身（即女娲），"后人皇"牛首人身（即神农）。汉代画像石和帛画即多此形象。

"五帝"一词较早见于《荀子》，排在"三王"前，但无人名。战国流行五色帝之说，秦设祭祀白、青、黄、赤四帝祠，汉高增祀黑帝之祠。山东临沂银雀山出土汉初写本《孙子兵法·黄帝伐赤帝》谈到青帝、白帝、黑帝、赤帝、黄帝以及黄帝与炎帝（赤帝）的阪泉之战等，五色五方帝是和古帝王结合在一起的。

今所见和古帝王结合的五帝也有几种不同说法，如：①黄帝、颛顼、帝喾、尧、舜，见于《大戴礼记·五帝德》。其说根据《国语·鲁语》对他们的赞誉而定，还见于《世本》。《吕氏

春秋》及《史记·五帝本纪》承用了此说。②宓犧（伏羲）、神农、黄帝、尧、舜，见于《战国策·赵策》与《易经·系辞》。《庄子》《淮南子·淑真训》及《三统历》亦承此说。③太昊、炎帝、黄帝、少昊、颛顼，见于《吕氏春秋·十二纪》，《礼记·月令》亦同此说。④少昊、颛顼、帝喾、尧、舜，见于皇甫谧《帝王世纪》。⑤《通鉴外纪》及《路史发挥》引梁武帝萧衍画像碑述，以黄帝、少昊、颛顼、喾、尧为五帝，似是最晚的一说。

汉代以后，以伏羲、神农、黄帝为三皇，少昊、颛顼、帝喾、尧、舜为五帝说逐渐成为定制，唐代曾在京师立庙奉祀。元代成宗元贞元年命州县通祀三皇，各建三皇庙，或称先医庙，将伏羲、神农、黄帝奉为医家先圣先师。

对于作为传说时代古史系统的"三皇五帝"，20世纪20—30年代古史辨派曾认为属于"伪古史"，应加以推翻。但是随着科学和文化的发展，揭示出所谓的"三皇五帝"，虽然有些并非实有其人，凝聚在每个名号中的事迹，也是出于后人的整理，然而以伏羲、神农、燧人等为代表的生存技术的进步，如从靠采集、捕捉小动物为生到能够猎取大兽、发明原始农业，从生食到学会用火乃至人工取火等，确曾在中华大地发生过；以黄帝、颛顼、尧、舜、禹等古帝为代表的历史时期所发生的变革，反映了中国古代文明形成过程中几个主要的递进发展阶段，而且其中的某些成果已为夏、商、西周的制度所吸收。

由此可见，这一古史系统尽管是后人总结归纳的，却包含了真实历史的影子。

# 女娲神话

创世女神神话。女娲神话的内容主要有两方面。一个是造人。传说女娲揉团黄色泥土创造了人类。后来因为繁忙便引绳入泥浆拖拉甩动，飞溅的泥点变成了很多的人（见后汉应劭《风俗通义》）。另一个是补天。补天神话最早见于《淮南子·览冥篇》。传说上古时候，不知道由于什么原因，忽然发生了一场自然界的大灾变，天崩地塌，大火燃烧，洪水泛滥，恶禽猛兽残害人民。女娲就熔炼五色石块去修补苍天；斩断鳌足代替天柱，树立在大地的四方，将天撑起来。还杀死了兴风作浪的黑龙，以拯救中原的人民。然后，把芦苇烧成灰，堵住了滔天的洪水。补天神话的中心内容之一在于治水。女娲也可算是中国神话传说中最早的一位治水英雄。

此外，还传说女娲曾经做过笙簧（《世本》）。这与后来中国西南苗、侗等民族所吹的芦笙很相似。女娲也可以说是音乐的女神。

也有传说说女娲替人类建立了婚姻制度（《风俗通义》），让青年男女互相婚配，繁衍后代。她又是婚姻的女神。总的说来，女娲乃是原始社会母系氏族时期流传下来的一位伟大女神的形象。

女娲神话影响深远。据最近调查，河南西华、沈邱、淮阳等地都有关于女娲的神话传说。据说，她补天用的是冰块。她和伏羲结合以后，两人分别成了汉族的"人祖爷"和"人祖奶"。

## 伏羲神话

文化创造神话。伏羲又叫太昊伏羲，据说，是华胥氏踩了雷泽中雷神的足印生出的儿子。他能够沿着生长在都广之野的作为天梯的建木"上下于天"。

伏羲有许多创造发明，主要说他坐在一座方坛上，听了八方风的乐音，便画出☰（乾）、☷（坤）、☳（震）、☴（巽）、☵（坎）、☲（离）、☶（艮）、☱（兑）八种悬卦的符号，叫作"八卦"，以代表天地间的种种事物。他又模仿蜘蛛结网，制作了捕鱼的网。他的臣子句芒，则根据这种原理，做了捕鸟的罗。伏羲还制作了瑟，创造了《驾辩》的乐曲。上古文明的曙光，在传说中的伏羲时代就开始显露出来了。

伏羲后来做了东方的天帝，他的臣子句芒，便做了他的属神。句芒的形象是鸟的身子，人的脸，驾了两条龙。他两个共同管理着东方青土树木的原野一万二千里的地方，是春天的主神。

传说中还有伏羲与女娲为夫

妇的说法。此说大约出现于西汉时代。东汉王延寿《鲁灵光殿赋》有"伏羲鳞身，女娲蛇躯"语。东汉武梁祠石室画像上即有人首蛇身的伏羲、女娲交尾的图像，一边标明是伏羲，另一边可能是女娲。在西汉以前，两人似乎还没有多少关系。

东汉女娲、伏羲画像砖（河南新野县出土）

# 神农传说

神农，中国远古传说中的"三皇"之一。传说神农氏姓姜，可能是以羊为图腾的氏族，生长于姜水。又称炎帝、烈山氏。据说他最早教民为耒、耜以兴农业，并尝百草为医药以治百病，是最初发明农业和医药的人。汉初《白虎通义·号》说："古之人民，皆食禽兽肉，至于神农……因天之时，分地之利，制耒耜，教民农作，神而化之，使民宜之，故谓之神农。""三皇"之称，初见于《周礼·春官·外史》。所谓"三皇"，传说不一，不少古书记述为燧人氏（发明用火和熟食）、伏羲氏（发明渔猎畜牧）和神农氏（发明农业和医药）。他们未必实有其人，但从悠久的传说和记载、现代地下考古资料的发现，以及社会发展史的普遍规律来看，这些人物及其业绩，实际上反映了中国原始社会经济生活的发展情况，并在长期传说中作为半神半人的部族领袖而为后世所歌颂。神农（炎帝）还和黄帝并称，中国各族人民至今奉他们为共同的祖先，以炎黄子孙而引为光荣。

# 黄帝传说

黄帝，中国古史传说时代的古帝。原为一个古族的名祖、华夏集团的代表人物，后被尊为中华民族的"人文初祖"。

相传黄帝姬姓，名轩辕，因居轩辕之丘或谓作轩冕之服而得名，又以为号，所以汉以后文献中多留下"黄帝轩辕氏"的称谓。还有传说黄帝为有熊国君，号曰有熊氏之说；或说黄帝号缙云氏，又号帝鸿氏、帝轩氏，等等。传说黄帝母曰附宝，见雷电绕北斗枢星，感而怀孕，生黄帝于寿丘。在原始社会晚期，随着氏族社会的发展进入下行阶段，各古族间战争增多，给社会带来很大破坏。相传轩辕修德振兵，发展农业，改革军队，团结周围古族氏，与炎帝战于阪泉之野，与蚩尤战于涿鹿之野，又进行了一系列的征战，建立了新秩序，以"内行刀锯，外用甲兵"（《商君书·画策》），结束了"无制令而民从"（《淮南子·氾论训》）的神农氏时代。

《周易·系辞》《世本·作篇》等不少文献都盛称黄帝时代有许多发明创造。属于生产技术方面的有穿井、做杵臼、做弓矢、服牛乘马、做驾、做舟等；属于物质生活方面的有制衣裳、旒冕、扉履等；文化方面则有作甲子、占日月、算数、调历、造律吕、笙竽、医药、文字等。《史记·夏本纪》总结整理古史传说，还提到黄帝"合符釜山，而邑于涿鹿之阿"，"以师兵为营卫，官名皆以云命"，"置左右大监，监于万国。万国和，而鬼神山川封禅与为多焉"。正因为这些社会变革和创造发明，加速了迈向文明的进程，所以后世将黄帝尊为"文明初祖"。一般认为黄帝时代为距今五千多年前，所以又有中国"五千年文明"之说。

联系今天对原始社会的科学认识和对中华文明形成过程的探索，以及对相关地名的研究，可知以上传说表明黄帝是原始社会

末期在中原地区登上历史舞台的一支强大古族的代表人物。在中国古史传说中，保存了黄帝和炎帝族的先世的来历，说原是从互为婚姻集团的原始氏族中分裂出的两个女儿氏族。《国语·晋语》说"昔少典娶于有蟜氏，生黄帝炎帝，黄帝以姬水成，炎帝以姜水成，成而异德，故黄帝为姬，炎帝为姜"。姬水约在东起渭水西迄湟水之间，姜水在今陕西岐山、武功附近注入渭水。姬、姜两姓直到商周仍世代互通婚姻，而在漫长的历史进程中，两个古氏族的后裔各有一支东向发展，沿着不同路线进入中原，也曾有过争雄的战争，最终结为联盟，共同构成华夏集团的核心。

这种争雄的战争集中地体现为"阪泉之战"，《左传》记载僖公二十五年晋文公卜勤王，"遇黄帝战于阪泉之兆"；银雀山汉墓竹简《孙子兵法·黄帝伐赤帝》也有"黄帝南伐赤帝（炎帝）……战于反山之原"等记载，经过均已不详，仅《史记·五帝本纪》作"三战，然后得其志"，可见是经过多次较量。战场在何处，学术界尚无定论，有今江苏徐州说和河北巨鹿说、磁县说、保定说、涿鹿说等，其中民间相关传说最多的地区是在冀西北涿鹿至北京延庆一带。之所以说战争的结局是结为联盟，是因为其后正是应炎帝族的求助，黄帝领导了与蚩尤的涿鹿之战。

《逸周书·尝麦》说"昔天之初"，居于东方少昊之地的蚩尤攻击赤帝，"争于涿鹿，九隅无遗。赤帝大慑，乃说于黄帝，执蚩尤，杀之中冀，以甲兵释怒"，"命少昊清司马鸟师，以正五帝之官"。这是华夏、东夷两大部族集团之间的战争，进行得十分激烈，又正值发生灾害性天气，其事曾以神话的形式长久流传。《山海经·大荒北经》说："蚩尤作兵伐黄帝，黄帝乃令应龙攻之冀州之野。应龙蓄水，蚩尤请风伯雨师，纵大风雨。黄帝乃下天女曰魃，雨止，遂杀蚩尤。魃不得上，所居不雨。"《韩非子·十过》还说涿鹿之战后，黄帝"合鬼神于泰山之上"，作乐名"清角"。晋平公时，曾命师旷演奏此乐，这首再现涿鹿之战悲壮激烈的乐曲引来大风大雨，"裂帷幕，破俎豆，堕廊瓦，坐者散走，平公恐惧，伏于廊室之间。晋国大旱，赤地三年"。

涿鹿之战虽然是以蚩尤被擒杀而告终，但"少昊清司马鸟师"，意味着东夷集团的先民仍继续沿着自己道路向前发展。《龙鱼河图》还记载："蚩尤没后天下复扰乱，黄帝遂画蚩尤形象以威天下"，"八方万邦皆为弭服"，预示从此华夏、东夷两大部族集团尽释前嫌、相安共处，甚至加强了融合趋势，而海岱地区史前文化的发现和研究成果也证实了以上推断。

曾有学者认为阪泉之战为涿鹿之战在传说中的分化，主要根据《魏土地记》曰："下洛城东南六十里有涿鹿城，城东一里有阪泉，泉上有黄帝祠"；《路史》有"阪泉，姜姓，其后蚩尤"，从而

得出是阪泉与涿鹿实即一地，蚩尤有阪泉氏之称的结论，可备一说。但是，中国上古历来有带着祖居之地的地名迁徙，或将对历史的记忆寓于居地的山名、水名、地名的习俗，有胜利者将战败者名号作战利品而袭用的习俗，所以仅以地名、族氏名作论据，有时并不准确。况且上古时代战争很多，古史传说演化的规律不仅仅是时代愈晚分化愈繁，也不乏简化、合并的现象，所以"阪泉之战即涿鹿之战"说难成定论。

到战国时期，形成了以华夏、东夷、苗蛮三大部族集团中的一些古族为核心的华夏族。随着古族的融合，《世本》及《大戴礼记》的《帝系》将各族的宗神和祖先合并成黄帝一系的分支，构成大一统的谱系，为黄帝成为中华民族共祖奠定基础。黄帝虽然在中原登上历史舞台，但这个古族却

发祥自西北的黄土高原，远古有殡葬时要将死者灵魂送回祖居之地的习俗，所以汉武帝北巡朔方后，于上郡阳周（今陕北横山、子长、绥德间）拜祭了桥山黄帝冢。后来，如《大清一统志》等考订，由于地名的变迁，今陕西中部黄陵县的桥山黄帝陵自唐代以来已成为举行祭祀黄帝的场所。

# 炎帝传说

炎帝，中国古史传说时代中的古帝，原属华夏集团。

关于炎帝的故事见于《逸周书》《国语》等先秦文献。相传炎帝为姜姓，其先世与黄帝族一样，是从关中西部的一个原始氏族中分裂出来的，发展到中原以后，分别以炎帝、黄帝为代表的两个古族曾发生过阪泉之战，后来一起成为华夏部族集团代表人物。

随着各古族的迁徙、各地区古文化的交流融合和更大范围民族共同体的形成，在战国文献中，炎帝已经演变为南方民族的宗神，在长沙子弹库发现的楚帛书中保存了伏羲、女娲、四神、炎帝、祝融、共工等组成的神话系统。长期以来，进行祭祀炎帝的炎帝陵也在湖南株洲炎陵县。

同时随着炎帝与神农氏的合户，炎帝神农氏成为原始农业发明者的代表，《汉旧仪》有"春始东耕于藉田，官祀先农，先农即神农炎帝矣"。

原始农业的发明打开了通向文明的道路，它以炎帝神农氏为标志。黄帝轩辕氏的时代加速了文明因素的聚合和发展，因而炎帝神农氏、黄帝轩辕氏这两个名号浓缩了中华文明孕育过程的漫长历史，亦即浓缩了筚路蓝缕的奋斗过程。这应是中华儿女自诩"炎黄子孙"的原因。

# 燧人氏传说

燧人氏，中国古史传说时代发明利用火和发明人工取火的代表人物，也指相应的历史时期。《礼纬·含文嘉》有"燧人始钻木取火，炮生为熟，令人无腹疾，有异于禽兽"。《世本》有"造火者燧人，因以为名"。《韩非子·五蠹》《古史考》等也都有类似记载。此外，《尸子》有"燧人之世，天下多水，故教民以渔"，《帝王世纪》有"燧人氏没，包犧氏代之"，《易通卦验》注说燧人"在伏犧前"。人工取火是旧石器时代晚期的文化成就，在此以前，还有一个对自然界产生的火逐渐有了认识和利用的漫长阶段。由于学会利用这一自然力，使人类在生存斗争中掌握了一种强有力的手段，一步步从动物界中分离出来。熟食不仅加速古人类体质的进化，而且蚌蛤鱼类成为经常的食物也是从这时开始的；从用火防御野兽到学会火猎，为能够猎取大兽、迎来伏犧氏时代开辟了道路。由此可见，以上传说包含了真实历史的因素，而燧人氏不仅是发明"取火"的代表人物，还代表了远古发明用火的先民。由于用火和取火是人类社会进化的一个重要里程碑，所以燧人氏被列为古史系统中的"三皇"之一。

# 共工传说

共工，中国古史传说时代一个有治水经验的烜赫古族，也指该族的代表人物。有关共工的传说，涉及黄帝、颛顼以至尧、舜、禹，可见其族有绵延长久的历史。相传该族因与水患斗争而兴，又因水患而衰落。

共工氏姜姓，属于炎帝之族，居于共（今河南辉县），处在黄河转折处的北岸，是黄河水患开始的地方，其先民在长期的生存斗争中积累了一定经验、取得一定成绩，并由此兴盛起来。《国语·鲁语》有"共工氏之伯九有也，其子曰后土，能平九土，故祀以为社"。后土，或认为就是黄帝时的土官，因平治水土有功，被后世祀为社神。《淮南子·兵略训》和《天文训》则记有颛顼与共工争为帝的故事，说战争中共工怒触不周之山，制造水患，被颛顼诛杀。《尚书·尧典》说尧在议事会上提出讨论职事人选时，驩兜曾举荐共工，尧曾试之以工师。舜摄政后，放逐了驩兜与共工，其中共工被放逐到幽州（相传为檀州燕乐县故龚城，今北京密云东北）。禹时还征伐过共工，见于《旬子·议兵》。

此外，《逸周书·史记解》《国语·周语》在总结历史兴替时，都提到过共工氏的领袖人物由盛而骄，自以为是，甚至沉湎于享乐，不再关心组织社会生产，以致有"祸乱并兴，共工用灭"的教训。

## 嫘祖传说

始创养蚕、治丝的传说又做了积累的增饰，此说就历元、明、清各代而为多种著述所采用。

嫘祖，中国古代传说中养蚕、取丝的创始人。或作累祖、雷祖、傫祖。其名最早见于西汉司马迁的《史记》："黄帝居轩辕之丘，而娶于西陵之女，是为嫘祖，嫘祖为黄帝正妃。"嫘祖始创养蚕之说则始见于《隋书·礼仪志》关于北周有进奠先蚕西陵氏神的礼制的记载（从此以后嫘祖被祀为蚕神）。据元代《王祯农书》引用《淮南王蚕经》说："西陵氏劝蚕稼，亲蚕始此。"《淮南王蚕经》原书已佚失，也非汉淮南王刘安所作，而可能系北宋初人伪托。但自北宋至南宋，一些著作对嫘祖

## 尧传说

尧，中国古史传说时代的古帝，称帝尧陶唐氏。始见于《楚辞·天问》《国语》《左传》等书。

在传说时代的古史系统中，尧为帝喾之子，但也有一些传说将这一古族的姓氏追踪到从母居的时代，如《帝王世纪》说帝尧陶唐氏，名放勋，从母姓，姓伊祁氏，"尧初生时，其母在三阿之南，寄于伊长儒之家，故从母所居为姓"，可见这是一个历史悠长的古族。

相传尧都平阳（今山西临汾西南），今在临汾盆地发现了丰富的龙山文化遗存，包括巨大的中心遗址，有城垣、大墓、礼乐之器、铜制品、零星的文字等。

传说尧的时代文明因素的聚集已大大超过前代，如《尚书·尧典》说，尧组织了相当规模的观象授时，以历数之法观察日月星辰的运行；还传说尧时用蓂荚占历，反映在观象授时的同时已开始积累规律性的认识，为以后观测和推算结合奠下基础。但这一阶段领袖人物的传承实行禅让制，要通过议事会的推举，首领之子没有法定的继承权，组织生产生活也还是议事会的主要职能之一。

# 舜传说

舜，中国古史传说时代的古帝，称帝舜有虞氏。《孟子·离娄下》说舜"东夷之人也"，《墨子·尚贤中》也说"舜耕历山"，其族当原属东夷集团。《左传》昭公八年记有幕—瞽瞍—舜—遂—胡公的系谱，汉刘耽《吕梁碑》更有"颛顼生幕，幕生穷蝉，穷

蝉生敬康，敬康生乔牛，乔牛生瞽瞍"之说。关于幕、瞽瞍，《国语·郑语》有"虞幕能听协风，以成乐物生者也"，说他能听风知节气，以成育万物，不误农时；《国语·鲁语》说"幕能帅颛顼也"，认为他能继承颛顼的功业；《左传》昭公八年还说"自幕至于瞽瞍无违命，舜重之以明德"。可知这是一个声名显赫而且源远流长的古族。

另有传说将尧、舜、禹列为前后禅让的三个圣王，并说"舜，冀州之人"，"居妫汭"，完成举用八元、八恺，放逐四凶，及任命禹治水等盛业。还说舜母早死，父更娶生象，在父顽、母嚣、弟象傲，皆欲杀舜的环境中，舜小心顺事，而有兄弟孝慈之美名，因而被尧选拔为继任者。

相传舜设立了管理刑狱、礼仪、工匠以及负责农业、山林川泽的官吏，将氏族制度的机构改造成早期国家机器的雏形，所以古代有"虞夏商周"相提并论之说。

## 大禹传说

中国古代的治水传说。相传禹姓姒，称有夏氏，是传说中夏代的始祖。他的传说，从古至今流传于中国民间。

大禹的主要业绩是治水。根据《山海经·海内经》《史记·夏本纪》的记载，帝尧之时发生洪水，帝命鲧治水。鲧窃帝之息壤以堙洪水，治水失败，鲧被殛于羽郊。其子禹继承父业，含辛茹苦十三余年，三过家门而不入，终于平复水患。后舜禅位于禹。此外，关于禹的传说，还有他逐共工，杀相繇，以及应龙助其治水等情节。《国语》《孟子》《吕氏春秋》《淮南子》等古籍均有关于大禹治水的记载。

禹的传说原来含有较多的神话因素，在长期流传中神话传说大部分被"历史化"，禹逐渐成为符合儒家观念的帝王典范。传说中出现更多政治性活动的情节，如他派人度量大地，召集臣民开会议事，赏功罚罪，求贤任能等。传说为禹制造了显赫的家谱世系，使这一神话传说人物逐渐离开了他的本来面目。然而，在民众心目中大禹仍然主要是一位具有神异色彩的治水英雄。

有关禹治洪水的传说，常与地方景物相附会。如传说他从泰山担了99担石头筑堰挡水，这石头后来变成山东的九节长白山。山西也有大禹治理晋阳湖的传说。这类传说着重表现他不畏艰险、为民造福的伟大精神。

# 羿神话

射日英雄神话。根据先秦古籍的记载，羿或称夷羿（《左传》《天问》），或称仁羿（《山海经》）。他本是射日除害的英雄，但又常和传说中夏代的有穷国国君后羿的事迹相混，也被称为后羿。

有关羿的神话说，尧做国君的时候，天空中出现十个太阳，把禾苗晒焦、草木晒死，百姓陷于饥饿之中，各种恶禽猛兽乘机出来危害人民。于是天帝俊赐给羿一张红色的弓，一口袋白色的可以系上绳子射出去的箭，叫他去解除人民的艰难困苦。羿下到凡间，首先把十个太阳射落九个，它们落在东洋大海里变做了沃焦。

然后他又诛除猰貐、凿齿、九婴、大风、修蛇等凶残的禽兽。最后去到中原地方的桑林，捉住那头为害最烈的大野猪。他把野猪肉剁做肉酱，蒸熟后奉献给天帝，满以为会受到嘉奖，哪知道天帝却因为羿射杀了他的九个太阳儿子，很不满意羿的所作所为。

以上是能够连缀起来的羿神话记录，此外还有羿射河伯，妻雒嫔（宓妃）（《天问》）、"羿请不死之药于西王母，姮娥窃以奔月"（《淮南子》）、"逢蒙学射于羿，尽羿之道，思天下惟羿为愈己，于是杀羿"（《孟子》）等片段的记录，反映羿的另一些活动和他的悲剧性的结局。《淮南子》还记载了民间奉祀羿做消灾除害的宗布神。

# 嫦娥神话

关于月中女神的神话。嫦娥奔月神话最为民间所乐道。始见于《淮南子·览冥训》。神话说羿向西王母请求不死药，得到药物，带回家中。嫦娥趁羿不在，把不死药偷吃了，不觉身子轻飘飘地飞离地面，奔向月宫。

嫦娥奔月的神话还见于较早的《归藏》，但《归藏》记叙粗略，只说嫦娥吃了西王母的不死药奔往月宫做了月精，似乎还未

嫦娥奔月（南阳汉代石刻）

和羿相联系。在《淮南子》的古本中尚有嫦娥到月宫化为癞蛤蟆（蟾蜍）的记载。今本已无，显示了人们对嫦娥从谴责到同情的转变。魏晋六朝到唐代这段时期，人们对嫦娥的同情愈加发展，化蟾之类的古老传说慢慢地已被遗忘。

嫦娥，有些学者认为即《山海经》中的常羲。

# 帝俊神话

殷民族天帝神话。帝俊是古代殷民族所奉祀的天帝，甲骨文称为高祖夋。他本是殷民族的祖宗神，后来才升为天帝的。他的形状甲骨文作❀或❀，画的是鸟的头，猕猴的身子，一只足，手里似乎还拄着一根拐杖。

有关帝俊的神话，相当零碎，集中保存在《山海经·大荒经》以下五篇里，其他书籍并无所见。帝俊有两个妻子，一个名叫羲和，住在东方海外的甘渊，生了十个太阳；另一个名叫常羲，住在西方的荒野，生了十二个月亮。他还有一个名叫娥皇的妻子，住在南方荒野，生了三身国的先祖。

这位先祖一个头三条身子，传下来的子孙也都是这般模样。帝俊时常从天上降下来，和下方一些面对着面巡跹舞蹈的五彩鸟交朋友；下方帝俊的两座祠坛，就是由这些五彩鸟管理的。在北方的荒野，有一座帝俊的竹林，斩下竹的一节，剖开来就可以做船。尧的时候，十日并出，帝俊曾经赐给羿红色的弓，白色的箭，叫他到下方去拯救人民的困苦。以上就是残留下来的帝俊神话的片段。从中可以见到帝俊作为天帝的神性。

由于神话的发展演变，帝俊又化身为传说中人间的两个帝王，一个是帝喾高辛氏，另一个是帝舜，他们都是半神的英雄，都有他们各自的神话传说流传下来。

# 后稷传说

后稷，中国传说中的古代周族的始祖。传为有邰氏之女姜嫄所生，初生时曾被遗弃，故名弃。在尧、舜时代为农官，封于邰，号后稷，别姓姬氏。据说他善于种植多种粮食作物，教民耕种。后来周族奉他为始祖，并认为他是最早种稷和麦的人。传说中的尧、舜时代，农业还很原始，后稷可能对当时农业（种植业）的发展做出过贡献，因而许多古籍如《诗经·生民》《尚书·舜典》及《史记·周本纪》等都歌颂和记述了他的功绩。西周时设置的农官，也称后稷。

## 刑天神话

刑天，中国神话人物。又作形天。神话的内容是说：刑天与天帝争夺帝位，失败后被天帝砍头，埋于常羊山。刑天不肯屈服，以双乳为眼，以肚脐代口，手持盾牌和斧头继续与天帝争斗。刑天舞干戚的神话曲折地反映古代先民反对绝对权威、敢于抗争的英雄主义气概。陶渊明在《读山海经》中以诗句"刑天舞干戚，猛志故常在"称赞这种勇往直前、矢志不渝的精神。刑天舞干戚的神话见于《山海经·海外西经》。它以男性英雄为叙事中心，说明这个神话可能产生于父系氏族社会形成之后。

刑天　选自《山海经图赞》插图

## 彭祖传说

彭祖，中国古代传说时期帝颛顼高阳氏玄孙。有关资料散见于《国语·郑语》《世本》《楚辞·天问》《论语》等。汉刘向《神仙传》、晋葛洪《列仙传》和干宝《搜神记》则当作仙人。传说古帝颛顼重孙陆终娶鬼方氏之妹女嬇，生六子，三子曰篯铿即彭祖。彭祖善调雉羹以事帝尧，封于大彭（今江苏徐州）。彭祖常食桂芝，善导引行气，历夏至商末 767 岁而不衰（或言寿八百）。商王以为大夫，托病不问政事。

《太平寰宇记》谓徐州彭城以彭祖而得名，有彭祖墓。《华阳国志》又谓彭祖殁于留家处，其墓犹存，并有彭祖祠。人之寿不可能长达数百岁，大概是古代有称为彭的民族或部落聚居在今江苏徐州地，始祖称彭祖，其族历夏商，世为强宗望族，历代首领或称伯或为中央王朝大夫。《竹书纪年》说商外壬时有彭伯征邳与班方；武丁四十三年灭大彭。参照武丁卜辞有"令师般取三十邑于彭龙""呼取彭"，可能是彭祖所

创之国族，商时曾与邳及班方有过战争，武丁时又派师般攻取过彭的若干城邑，或被商所灭。

# 仓颉传说

仓颉，传说中汉字的创造者。古书中也作"苍颉"。汉代人多认为仓颉是黄帝的史官，魏晋以后人则说仓颉是早于黄帝的远古帝王。相传，他见鸟兽足迹各异，遂依类相形、画文造字，用以记事，以避免结绳记事所造成的差错，为今汉字发明之始。

# 创世神话

关于天地开辟、人类和万物起源的神话。又称开辟神话。创世神话是人类幼年时期用幻想的形式对自然、宇宙所做的幼稚解释与描述，反映出古代人对天地宇宙和人类由来的原始观念。

创世神话的出现可以追溯到公元前 4000 年末至 3000 年初的两河流域。苏美尔有神话《恩基与宁玛赫》，巴比伦有神话《埃努玛·埃立什》《安祖》，以及巴比伦洪水神话《阿特拉哈斯》中的创世片段。创世神话中虽然有不同的创世神和不同情节，但叙事内容均主要包括两个方面：①解释和描述天地开辟，包括世界和万物的形成；②说明人类的起源，包括民族的由来等。

各民族早期几乎普遍存在创世神话。这类神话大体可以分为由神来开辟天地、由巨人化生万物和自然演化而形成世界三大类。

第一类，以创造神为主体创造世界。这个创造神的形象和称谓各有不同。《圣经·旧约》中讲耶和华神用六天创造了世界。第一天创造了光；第二天创造了天地；第三天聚集地上的水，露出土地；接下来的三天创造了植物、日月、鱼鸟，以及其他生命，最后用地上的尘土造出了人。瑶族的开天辟地和创造人类的神叫密洛陀。神话里描述她用师傅的雨帽造成天；用师傅的两只手和两只脚做四根柱，顶着天的四角；用师傅的身体做大柱撑在中间，便造成天地。彝族的创造神为四个人：八哥、典尼、支格阿鲁和结支戛鲁，主要是典尼。他用铜柱子顶开东方的天，于是太阳从东方升起。他用第二根铜柱子敲开西方的天和地，顶住西方的天，傍晚太阳从西方落下。接着又用铜柱子敲开北方和南方的天和地，天和地从此分开。白族神话中是两个神开天辟地。他们是用编织的方法，一个织天，一个织地。天织小了，地织大了，合拢时，只好将地收缩，结果，地出现了皱纹，高低不平。

第二类，巨人化生神话讲述天下万物是由巨人身体的各部分所化育。如《埃努玛·埃立什》中的主神马尔都克战胜并杀死恶龙和鬼怪，把大母神提亚玛特的尸体撕成两半，一半做成天，一半做成地；用提亚玛特的一个辅助神的血造出了人类。又如汉族的盘古神话，叙述盘古在混沌世界中随着天的升高和地的加厚，长得无限高大。最后，他的眼睛、毛发、四肢、血脉分别变成日月星辰、山川草木、江水河流。阿昌族神话《遮帕麻与遮米麻》讲述男女两位神，男神的两只乳房变成太阳山、太阴山，摘下喉头当梭子，拔下毛发织大地，脸上流下的鲜血变成大海；女神又用她的肉托起了大地。这种化生神话，有的还描述天下万物为神人所生。如彝族《创造万物的巨人尼支呷金》中，树种、蒿枝、野葡萄、牵牛花、野草、蕨草、猿猴、人、骆驼、熊、狗、青蛙、鸟类都是尼支呷金所生。

第三类，自然演变的神话讲述的是天地自然形成的过程。如壮族神话《布洛陀与妹六甲》，叙述天地原来是一团旋转着的大气，后来变成一个三黄蛋，爆为三片，一片飞升为天空，一片下沉为海洋，一片留在中间，成为人类居

住的大地。纳西族创世神话《人祖利恩》，把开辟神的出现也说成是自然演化。这个神话中有九位开天之神、七位辟地之神。他们是由混沌中的一团绿气中的白光，化成美丽的声音，再由声音变成一位真神，生了白蛋，孵出白鸡而生出来的。

创世神话在中国各少数民族的创世史诗中多有保留，如纳西族的《创世纪》、白族的《天地开辟》、彝族的《阿细的先基》等都有反映，神话经过巫师和史诗演述者的传承加工，往往更加系统和完整。

人类起源神话有两种：一种是解释世界上人类的诞生，讲述造人的过程，说明民族的由来；另一种是与洪水神话相联系，通过洪水后兄妹结合，说明再造人类的过程。在民族创世神话中，人的来源有卵生、葫芦生、石头

生，以及从山洞或树木上出来的种种不同说法，但较常见的是泥土造人的说法。瑶族神话《密洛陀》就是讲创造大神密洛陀以泥土造人。汉族的女娲神话更为典型，女娲开始是造人的始祖，她抟土为人，制造人类。女娲神话反映出母系社会的痕迹。后来在另一些神话中女娲又与伏羲结合。人们把现实生活中的抟土制陶等工艺联系到造人的过程上，具有特殊意义。高山族神话讲述两位男神夜里并枕安眠，他们的膝头相互摩擦，从膝部生出一男一女，从此繁衍人类。傈僳族神话描述人类是由神匠雕刻的木偶变成的。

在创世神话中，解释人类由来和说明民族起源的内容常常结合在一起，民族起源和人类由来同时发生。彝族史诗《梅葛》中记载的创世过程，以兄妹成亲生下怪葫芦，出现八种人，解释八

个民族的由来。白族《天地开辟》讲兄妹成婚生下十个儿子，又生下十个孙子，各取一姓，说明"百姓"的开始，是创世神话稍晚时期的发展。《风俗通义》讲女娲造人又有"引绳于绹泥中，举以为人"的举动，把开始的黄土人说成富贵者，把后来的绹人说成是贫贱凡庸者，显然已经带某种等级划分的色彩，是较晚的观念。创世神话具有世界性，以及重要的历史价值和很强的艺术魅力。

# 日月星辰神话

解释日月星辰等自然现象的神话。日月星辰神话首先提出了日月星辰的由来问题。中国各族神话对此说法各异，大致有以下几种类型。①生育说。即认为日月是父母生养的。《山海经·大荒南经》上说："羲和者，帝俊之妻，生十日。"又同书《大荒西经》载："帝俊妻常羲，生月十有二。"珞巴族神话说，天和地婚配，地母生了九个太阳。②肢体化生说。《绎史》引《五运历年记》："首生盘古，垂死化身。……左眼为日，右眼为月。……发髭为星辰。"彝族神话说，天神取下老虎的左右二膀化为日月，取下

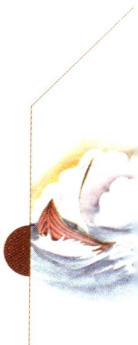

虎的眼睛化为星星。③蛋生说。苗族神话说太阳是从蝴蝶蛋里生出来的。彝族《查姆》（"万物起源歌"）则说，黑埃罗波赛神生了一个蛋，蛋皮化天，蛋白化日、月、星辰，蛋黄化地。④铸造说。把日、月的形成与冶炼工艺结合在一起，说太阳和月亮是神人们用金、银铸成后搬上天去的。那铸造日、月时飞溅的金花银花就

《苗族古歌·铸日月》插图

变成了满天星斗。此说在苗族的创世史诗中描述甚详。⑤神创说。创世神凭借神力直接创造日、月。水族神话说女神伢俣掰开连着的天地，放风吹开清浊之气，取用清气造成了日、月。保存于纳西族《东巴经》中的《创世纪》说，在阴阳善神东神和巴神的主持下，"真和实相配合，产生了光亮亮的太阳；虚与假相配合，出现了冷清清的月亮"。此外，还有太阳是英雄神（见《九歌·东君》）和天帝（即炎帝，见班固《白虎通义》）的说法。也有神话解释某些星座的来历，如汉族关于牛郎织女星的神话、藏族和鄂伦春族关于北斗星的神话、黎族关于兄弟星座的神话等。

日、月有规律的出没运转是日、月神话解释自然现象的又一方面。中国古神话描述日、月的生活日程也像人一样有劳作、有

休息。十个太阳，都住在汤谷一棵高数千丈、粗一千余围的扶桑木上，"九日居下枝，一日居上枝"（《山海经·海外东经》）。居上枝的一个太阳按时由鸟运载着，或是坐着"驾以六龙，羲和御之"的车子，每天从东方出来，走完固定的路程，进入西方的蒙汜。月亮也乘坐车子，它的御者是望舒。

月中的阴影及月的圆缺变化是此类神话解释的又一方面。屈原《天问》："夜光何德，死则又育？厥利维何，而顾菟在腹？"反映了原始人认为月缺又圆是死而复生，以及月中有兔子的观念。

以后又有嫦娥奔月化为蟾蜍、吴刚伐桂、玉兔捣药等说法。

少数民族的神话解释月中阴影，也认为其中有人、有物。至于何人何物又是缘何上去的，说法就多有不同。瑶族神话说，一对造福人间的夫妻成婚后飞上月亮，女的织锦，男的放牧，在那里过着美满的生活。哈尼族神话说，许多年前，一棵大树遮没了日光和月光。人们砍倒了这棵大树，却有一枝树尖挂在月上，长成了月中的梭罗树。

关于日、月之间的关系，人们想象它们有着同于人间的夫妻、

牛郎织女星（南阳汉代石刻）

兄妹、姊妹、姑嫂等关系。如说太阳是哥哥，在白天大大方方地出来；月亮是妹妹，到了晚间才羞羞答答地露面。也有的说，月亮是姐姐，胆大能干，敢于在夜里出来；太阳是妹妹，胆小害羞，所以在白天出来，姐姐还给妹妹一包针，谁看她就刺谁的眼睛。

对于日、月食的现象，神话中亦有神奇的解释。汉族有天狗吞食之说。蒙古族的神话，说是九头魔王妄想吞食日、月，太阳王和月亮王就筑起高高的院墙来防御，当大门紧闭的时候，地上就失去了光亮。

射日神话是日、月神话中不可忽视的组成部分。汉族羿射九日的神话，早见于《淮南子》。在各少数民族中，亦多有此类神话流传，如壮族的侯野射落十一个太阳，瑶族格怀射落九个太阳，布朗族的顾米亚射落七个太阳，

黎族的大力射落六个太阳和月亮，等等。它所叙述的基本内容是：①天空出现了二至十二个太阳（或同时有月亮），强光照射，造成了严重的后果。②英雄的神箭手射下了多余的日、月。③有些少数民族射日神话最后有喊日的情节，即请公鸡去把吓得躲起来的一个太阳叫出来。这类神话反映了远古人类企图控制太阳、征服干旱的愿望。

日、月、星辰神话体现了远古人类对于天体的朴素认识，其中有的则表现了他们企图用巫术手段控制天体的愿望，具有原始科学和某种实用意义。但是由于种种原始观念的渗透融合，最终化合成为充满了天真幻想的神话。后世失去严肃意义，就成为文学作品，有的并被文人取为创作题材。

# 动植物起源神话

自然神话的一种。它是原始人民对于动植物来源和特征的解释性故事。在原始渔猎和采集经济时代，人类生产力水平极其低下，还不能把自己同自然界和氏族集体严格区别出来。人们往往认为周围的动植物也像自身一样具有知觉、感情和生活历程，特别是对于那些同人的生活、生产有直接利害关系的动植物，则运用形象化的幻想手法说明它们的来源或特征，便成为动植物起源神话。

在中国流传至今的神话作品中，单独讲述的动植物起源神话比较少见，大多作为局部的情节存在于一些原始神话和创世史诗之中。如在布依族的神话史诗《开天辟地》中讲森林和珍禽异兽是由翁戛神的头发和身上的虱子所变的。《夸父神话》中讲桃林是夸父在逐日途中渴死后弃下的手杖变成的。这一类神话认为动植物是由神体的某一部分或神的器物变化而来的。

此外，有的神话认为动植物是创造神创造的。如彝族史诗《勒俄特依》讲阿俄暑补神到人间创造生物，把三种树栽在地上，从此，有了树；把花鹿放在森林，从此，有了动物。还有一些神话认为神、人、动植物是互生的。如黔东南苗族古歌《十二个蛋》中说榜妹留是动物的妈妈，她生下天下的动物，她本身是从枫香树中生出来的。这种由植物生人，人生动物或动物生人或植物生动物等起源说都反映了在原始人的

观念里，神、人、动物、植物之间是没有明显界限的。

人们在和自然界接触中逐渐对自然界有了进一步的认识，在这种情况下产生的动植物传说较神话更富有社会性，它们往往借解释某些动植物的由来和特点，越来越多地融进社会内容和人们的爱憎褒贬态度。

## 洪水神话

世界性的关于宇宙毁灭和人类再生的神话。中国古代关于洪水的记载，多和治水相联系。如《淮南子·览冥训》："往古之时，四极废，九州裂；天不兼覆，地不周载；火爁焱而不灭，水浩洋而不息；猛兽食颛民，鸷鸟攫老弱。于是女娲炼五色石以补苍天，断鳌足以立四极，杀黑龙以济冀州，积芦灰以止淫水。"这里说的是女娲补天和治水的故事。此外，还有著名的鲧、禹治水的神话。它们都没有直接和人类再生相联系。

后世所传洪水神话反映远古某个时期人类在遭到毁灭性洪水

灾异之后，洪水遗民两兄妹结婚，再生人类。这个神话可分为南北两大系。西南系统的洪水神话一般说是：雷公发洪水，淹没世界。兄妹二人躲在葫芦中，避过洪水。最后，通过滚石磨、抛石等占卜方式，决定结为夫妻，婚后生肉团繁衍出不同的种族。

北方系统的洪水神话说：洪水泛滥，淹没世界。伏羲、女娲（或盘古兄妹）在石狮子或乌龟等的保护下，避过洪水。他们根据石狮子或乌龟的意思，通过滚石磨等方式决定结为夫妻。最后，兄妹二人捏黄泥人，再造人类，从而成为汉族"人祖"。这里捏黄泥人的情节来源于古代女娲抟土造人的神话，在后来产生了伏羲、女娲（或盘古兄妹）结为夫妻的说法中，这一情节仍然被延续下来。两大系统神话都存在原始血缘婚的痕迹。它似是中国原始社会从群婚制向对偶婚制过渡的婚姻形态的反映。由于两大系统神话中所反映的先后社会阶段的不同，对兄妹婚所持的态度也各异，早期神话以为兄妹婚为延续人类所必需；后期神话则在肯定程度上有所不同。

近代西南苗、瑶、彝等民族的洪水神话资料，在闻一多《神话与诗·伏羲考》中征引较详。中原和北方汉、蒙、达斡尔等民族的洪水神话，不断发现。北方特别是中原淮阳一带广大地区，这种神话现在还有流传。它们有的和开辟创世神话相融合（如《盘古山》《两兄妹》），有的出现了严重的佛教化倾向，如《胡玉人和胡玉姐》中就把如来佛高出女娲三代。

由于受自然环境和社会文化环境的制约，口传的洪水神话常在衍变之中。

# 西王母神话

古代著名神话。西王母是先秦以来比较广泛流传的一位神话人物。西王母的神话，产生很早，在长期的历史发展中，演变的轨迹也十分显著。殷墟卜辞已有"西母"之辞，学术界有一种意见认为"西母"即西王母。它和以后在《山海经》中出现的有关西王母的记载，是否有联系，很难断定。因为目前还找不到二者

西王母拜见周穆王（汉代石刻）

有联系的可靠资料。所以，关于西王母的最早文字记录，只能从《山海经》算起。

《山海经》关于西王母神话的记载说："西王母其状如人，豹尾虎齿而善啸，蓬发戴胜，是司天之厉及五残"（《西山经·西次三经》）；"有人，戴胜、虎齿、有豹尾，穴处，名曰西王母"（《大荒西经》）。这些记述，指出了西王母的一些基本特征：西王母的形状——半人半兽（人面虎身豹尾等）；西王母的处所——穴；西王母的神性——掌管瘟疫刑罚的凶神。《山海经》中所描绘的西王母，显然带有野蛮时代的氏族神或部族神的特点，基本上是一位近似野兽的神人。

除《山海经》以外，还有一些先秦古籍。例如《荀子》等记载着西王母是国名、地名或君主名称等，歧义较多。可见最初的

西王母，在传说中呈现着比较纷繁的面貌。

关于西王母是君主的说法，在先秦古籍记载中都是一些十分简略的断片文字，但在《穆天子传》一书中却成为一种历史传记性的故事。《穆天子传》是晋代人从战国魏襄王墓中发现的先秦古书（《汲冢书》）之一。作者不详。它有可能是战国时魏国史官对周代历史传说的记载，也有人认为它是晋人的伪托。《穆天子传》比较详细记载着周穆王从洛阳出发，沿着晋、陕、甘、青进入新疆，到西王母之邦，与该邦女首领西王母相见的情景。西王母与周穆王互赠礼品，在瑶池的筵宴上相互对歌述志。穆传中的西王母彬彬有礼，对穆天子应酬自如，是一位具有君王气象的妇人。在神格上，她自称是"嘉命不迁"的"帝女"（即上帝的女儿）。

汉以来，随着道教的日益发展，西王母神话进一步出现道教化的倾向。这种倾向在《淮南子》《博物志》《汉武帝内传》等著作中已经十分鲜明。《淮南子》中将西王母说成是长生不老之药的所有者，并且已与嫦娥奔月的神话传说联系起来。除上述著作外，《汉书》等史书中对民间崇信西王母的活动也有所反映。此时，西王母的形象发生了更大的变化。到了托名班固撰的《汉武帝内传》中出现的西王母，竟成"可年三十许，修短得中，天姿掩蔼，

西王母玉兔捣药（汉代石刻）

容颜绝世"的女仙了。她的妆饰和随行仪仗皆酷似人间的帝后。她操有的不死之药，是3000年结一次果实的仙桃。以后，西王母主持天上的蟠桃盛会，会上用这种食之长生不老的仙桃宴请群仙的神话，广为流传。在这个神话的流传过程中，西王母的神性进一步扩大，她不但是仙界管理众女仙的领袖，民间祈求长寿和平安的对象，也在民间信仰上成为男女婚配、妇女祈求授子的信仰对象。在嫦娥奔月等神话故事及各地众多的民间故事和地方风物传说中，都有不少关于西王母的情节。从汉代以来的一千多年中，随着道教的传播和口耳相传的民间故事，西王母在民间受到广泛信仰。她不但作为道教的一位大仙为道家所信奉，享受人间的烟火，也以金母、王母娘娘、王母、西姥、瑶池阿母等名称在各类文学作品（古代诗歌、小说等）中出现，在众多的民间传说故事中流传，为人们所乐道，具有广泛的影响。

西王母神话不仅家喻户晓、流传很广，而且其内容也纷繁、复杂。研究者们一般认为，它除了神话本身的价值和影响之外，还牵涉到中国上古史、民族史、原始文化和宗教、道教、地理沿革以至于中西交通史等有关方面的问题。在一般文化史的研究上，具有一定的价值和意义。

# 夸父神话

夸父追日神话。夸父是古代神话传说中的巨人，是幽冥之神后土的后代，住在北方荒野的成都载天山上。他双耳挂两条黄蛇，手拿两条黄蛇，去追赶太阳。当他到达太阳将要落入的禺谷之际，觉得口干舌燥，便去喝黄河和渭河的水，河水被他喝干后，口渴仍没有止住。他想去喝北方大泽的水，还没有走到，就渴死

了。夸父临死，抛掉手里的杖，这杖顿时变成了一片鲜果累累的桃林，为后来追求光明的人解除口渴。

夸父追日的神话，曲折地反映了远古时代人们向大自然竞胜的精神。《山海经》记载这个神话时说他"不量力"，晋代陶潜在《读山海经》诗中却称赞说"夸父诞宏志，乃与日竞走"。

夸父神话故事主要见于《山海经·海外北经》和《大荒北经》。《列子·汤问》在手杖化桃林的细节上稍有不同，说夸父"弃其杖，尸膏肉所浸，生邓林"。关于邓林，据清人毕沅考证，邓、桃音近，邓林即《山海经·中次六经》所说"夸父之山……北有……桃林"的桃林。此夸父之山，郝懿行说一名秦山，与太华相连，在今河南灵宝。后代以"夸父"名山的还有一些地方，

夸父逐日　选自《山海经校注》插图

其中也多有与夸父追日相联系的传说。

# 雷公传说

雷公，中国古代神话传说中的司雷之神。又称雷师。起源很早，无论古籍还是民间传说所描绘的雷公多是半人半兽状，或为龙身人头，或为鸡形。东汉王充《论衡·雷虚》描绘雷公状如力士，左手拉着连在一起的一串鼓，右手握着鼓槌，作槌击鼓状。北宋《太平广记》引《神仙感遇传》称雷公有兄弟五人，合称五雷，是俗语"天打五雷轰（劈）"的来源。许多文学作品，如屈原《楚辞·远游》、吴承恩《西游记》、冯梦龙《警世通言》等都有关于雷公的描写。道教奉雷公为九天应元雷声普化天尊，有天、地、人三十六雷之说。传说雷公与电母是夫妻，电母手持一面大镜子，明辨善恶，再由雷公发雷"能击妖孽及忤逆不孝之人"。民间多立祠庙，塑雷公像奉祀，还有雷神会、雷王祭等祭雷习俗，汉族较普遍地举行雷祖生日的祭祀。在侗族等西南少数民族的信仰中，雷公被认为是最大和最重要的神，有生杀之权，同时也掌管气候。汉族和少数民族也有许多神话和传说把雷公塑造为恶神，被人类战胜或戏弄。

# 月老传说

月老，中国汉族民间传说中主管天下婚姻的神。信仰者认为，对之礼拜可求得美满姻缘。全称月下老人，又称月下老。最早见于唐代李复言的《续幽怪录·定婚店》，说是唐人韦固于月夜看到一位老人倚坐布袋翻检书册。书册是天下男女的婚书，布袋中装着用来拴系夫妻双脚的红绳。这位神仙被称为"月老"，俗语"千里姻缘一线牵"本于此。有些文学作品也化用这一典故，如《红楼梦》第五十七回说："若是月下老人不用红线拴的，再不能到一处。"后世又用来指媒人。现在"月老"一词被用来指称婚姻介绍人、婚姻介绍所等。有些地方如北京市门头沟区的妙峰山仍有月老神像供人参拜。月老的传说和信仰折射出民众对婚恋因果的认知和思考，是对婚俗的诠释，富于浪漫意蕴。

# 门神传说

门神，中国古代传说中的司门之神。旧俗贴其像于门，以驱鬼祛凶，禳灾迎福。门神信仰起源很早，周代即有祭门的风俗。汉时门神指神荼、郁垒两兄弟，司职把守万鬼出入之门，主领监视众鬼之职。黄帝效法之，立桃板于门户之上，画神荼、郁垒于上，以御凶邪，遂衍变为门神。

门神像

后世所绘神荼白脸，喜相；郁垒红脸，怒相。《山海经》有关于神荼、郁垒二神的记载。道书《无上黄箓大斋立成仪》列神荼、郁垒于神祇之最下位。清代以来民间亦有不贴门神，常标"神荼郁垒"之名，以驱鬼辟邪。唐代的门神改指秦琼和尉迟恭（敬德）。传说唐太宗不豫，闻门外鬼魅呼号，太宗惧之。秦琼请与尉迟恭戎装立门外以伺，夜果无事，太宗乃令画二人像悬于宫门左右，后世沿袭，以此像为门神镇邪。宋以后，门神愈益多样，或戴虎头盔，或为将军，或为朝官，复加爵鹿、蝠喜、宝马、瓶鞍等状，皆取美名以迎祥。明清至近代，各地所崇奉的门神亦有所不同：陕西为孙膑、庞涓、杨香武、黄三太；河北多为马超、马岱、薛仁贵、盖苏文；江苏一带多为温峤、岳飞（或谓温、岳二元帅）；河南一带多为马超、赵云。民间还有崇奉萧何、韩信、赵公明、杨延昭、穆桂英等，大多受到明清之际各种演义小说的影响。北京还有一种专镇后门之门神，则为唐魏徵。道观有时以青龙、白虎为门神。门神又分：武门神，司守护之职；文门神，主祈福之用，多为文官形象。

载：赤松子服水玉以教神农，炼神服气，使之能入水不濡、入火不焚，至昆仑山上、西王母石室中，能飞行，并能随风雨上下。炎帝少女追之，亦得仙去。一说皇初平为赤松子，服松脂、茯苓，轻身延年。一说赤松子曾做帝喾之师，至金华山，留有赤松涧、赤松祠。西汉张良功成名就，弃人间事，随赤松子仙游。另《丹台录》称赤松子治南岳山，可化玉为水，服之延年，为昆林仙伯。

# 赤松子传说

赤松子，中国道教神仙。原为神话中的仙人，后被道教尊奉为太虚真人。传说是神农时代的人，曾为雨师。据《列仙传》记

# 广成子传说

广成子，中国道教神仙。传说居崆峒山石室中，精于修炼，数百岁不衰。黄帝闻之，学道于山中，广成子传授养生法为"无视无听，抱神以静，形将自正。必静必清，无劳尔形，无摇尔精，乃可长生"，以及"守其一"的静功法，这些都成为后世修心养性的法宝与准则，故道教奉广成子为养生有道的神人。

# 八仙传说

八仙，中国民间流传的八位仙人。道教援引改造之成一组上仙，即铁拐李、钟离权、吕洞宾、张果老、曹国舅、韩湘子、蓝采和、何仙姑。

八仙的传说起源很早，但人物有多种说法。如淮南八仙，所指即是助西汉淮南王刘安著成《淮南子》的八公。淮南王好神仙丹药，后世传其为仙，淮南八仙之说可能附会此事而起。五代时道士作画幅为蜀中八仙，所画人物有容成公、李耳、董仲舒、张道陵、严君平、李八百、范长生、尔朱先生。今之所谓八仙，大约形成于元代，但人物不尽相同。

八仙过海图

至明代吴元泰作《八仙出处东游记》，铁拐李等八仙过海的故事日渐流传，八仙人物也在流传中稳定下来。

八仙人物出处不一，时代不同。最初见于史籍且确有其人的，是初盛唐时道术之士张果。五代宋初，关于吕洞宾的仙话传说流传甚盛，与道教内丹修炼法的传播相煽助，两宋之际亦盛传"钟吕金丹道"。金元时全真道教兴起，为回应民间信仰及传说以宣扬其教法，将钟离权、吕洞宾等推为北五祖。民间传说、杂剧戏谈等便与道教神仙相互演衍，八仙故事流传益广，内容益繁富。吕洞宾是八仙形成的核心人物，道教称之为吕祖，各地道观尤其全真道观祭祀不辍。

# 吕洞宾传说

吕洞宾，中国晚唐五代道士。原名喦，号纯阳子，自称回道人。世称吕祖、纯阳祖师。河中永乐（今山西芮城西南）人，一说为京兆（今西安）人。少时举进士不第，浪迹江湖。传说后游长安遇钟离权，为之倾慕，经过"十试"的考验，遂师事之，受授"大道天遁"剑法、龙虎金丹秘文，于是归隐山林，潜心修道。其以慈悲度世为成道路径，以金丹术为内功，兼融儒、释之说，弘扬道教修真成仙思想，形成颇具影响的钟吕金丹派，道教尊为北五祖之一。其学说直接影响到宋元以后道教及中国哲学思想的发展。北宋宣和元年（1119）诏封"妙通真人"。元世祖至元六年（1269）封"纯阳演正警化真君"。元武宗至大三年（1310）加封为"纯阳演政警化孚佑帝君"。

其著述流传甚多，但真伪混杂，大多为明清时民间扶乩伪撰，可信者有《百问篇》《指玄篇》《灵宝篇》《破迷正道歌》《肘后三成篇》《敲爻歌》《谷神歌》《直指大丹歌》等。北宋以来，传说吕洞宾在民间行侠仗义，留有许多风趣的传说，苗善时收编为《纯阳帝君神化妙通记》。吕洞宾亦被列为道教八仙之一。

吕洞宾塑像

# 愚公移山传说

中国古代民间传说。最早见于《列子·汤问》。据说：古时有位年近九旬的北山愚公，因苦于门前太行、王屋两座大山阻碍出入，就立志铲平这两座山。他的家人、邻里都来相助。每天，他们劈山运土，往返于渤海和太行之间，常年不息。河曲智叟讥笑愚公"愚蠢"。愚公对智叟说："虽我之死，有子存焉。子又生孙，孙又生子；子又有子，子又有孙；子子孙孙，无穷匮也；而山不加增，何苦而不平？"他们每天挖山不止的精神感动了上帝，上帝就派夸、蛾氏二神，把大山背走了。这个传说包含着"有志者事竟成"的人定胜天的思想。

古今文学家、艺术家、政治家都曾经运用这个传说。有的政治家还用愚公移山故事鼓舞和教育人民发扬坚持奋斗的精神。

愚公移山在群众口头至今还流传着它的各种异文。据调查，现在河南济源王屋山一带，有"愚公村""愚公洞"遗迹，并且，在群众中还流传着《愚公盘山》。现传故事是为了解决水源的困难而挖山，幻想色彩也有所减弱。

# 西域胡人识宝传说

唐代流传的一种民间传说。属于识宝传说的一种类型。"西域胡人"是唐代中原汉人对敦煌以西、天山南北、中亚、西亚地区及至更远国度的人们的习惯叫法。这里的识宝人主要指当时与唐代通商最频繁的波斯人和大食人。

西域胡人识宝传说的基本情节是：某人以某种机缘获得一物，后被西域胡人所见，认为至宝，以高价收买，并告以此宝名称和用途。这类传说的特点是：识宝者为西域胡人（称为"胡商""胡僧""波斯胡""西国人"等），他们有非凡的识宝能力，有时能凭感应寻得宝物，而宝物的用途又往往是幻想的、超现实的。

唐代以前，中国民间早有关于宝物与识宝者的传说流传。唐代海外交通发达，与西域诸国贸易和友好往来频繁，这类传说便逐步与西域胡人联系起来。西域胡人识宝传说从一个侧面反映了唐代政治、经济和习俗，从中还能看到某些西域人的生活和文化状况，对研究唐代社会、中西交通、中外关系具有参考价值。这类传说对当时和后代的文人创作（传奇、小说等）也有一定影响。

随着社会的发展，这类传说的内容与形态也有所变化。经历宋、元、明、清诸代，它表现出与地方风物传说结合的趋势，故事名称也逐步改为"江西人觅宝"等。鸦片战争以后，反对外国侵略思潮兴起，它进而演变为"洋鬼子盗宝"和中国人民奋起护宝的传说，识宝者的性质发生了根本变化，所反映的社会内容也更为深广。这是西域胡人识宝传说在发展中产生的一种新的形态。

唐代西域胡人识宝传说的资料，主要保存在唐代、五代文人笔记中，如《集异记》《酉阳杂俎》《宣室志》《广异记》等。

# 鲁班传说

能工巧匠的传说。鲁班是春秋末期鲁国的一个工匠，名叫公输般。春秋战国是中国从奴隶制向封建制过渡的社会大变动的时代。手工工匠获得一定程度的自由，新的生产力的出现和生产工具的变革为工艺技术的提高创造了条件。公输般在这个时期对工艺制造做出了杰出的贡献。由于他技艺超群，又是鲁国人，所以后来人们就称他为"鲁班（般）"。最早记载鲁班事迹的是《墨子》，在《礼记·檀弓》《风俗通义》《水经注》《述异记》《酉阳杂俎》以及一些笔记和方志中也有著录。战国时期本来是历史人物的公输

般，在民间逐渐变成为一个传说式的人物。

鲁班的传说大致可以分为两类：

一类是讲他发明创造的故事。古代典籍中记载鲁班创造云梯、战舟、磨、碾、钻、刨，还有他创造门户铺首等的故事。近代民间仍有鲁班发明锯子、他的妻子发明伞的传说。

另一类鲁班传说，是关于他修建各地著名桥梁、殿宇、寺庙等建筑的故事。这类传说早有流传，近代民间传说还有：北京白塔寺白塔的裂缝是鲁班给锔好的；河北保安附近的鸡鸣驿石桥没有完成，那是因为鲁班造桥时，姐

鲁班（清代民间年画）

姐（或妹妹）怕他过于劳累，提前学了鸡叫，鲁班因而停工的缘故；山西永乐宫是鲁班修建的；重庆大足山北山石像是鲁班雕刻的；杭州西湖上"三潭映月"的三座石塔，是鲁班凿来镇压黑鱼精的石香炉的三只脚等，其中以鲁班修赵州桥的传说最为著名，元初编集的《湖海新闻夷坚续志》（后集卷二）有收录。

赵州桥名"安济桥"，本是隋代工匠李春设计修建的，所谓鲁班修赵州桥，纯属民间传说，并非史实。上述鲁班在各地的修建，以及列在他名下的某些发明创造（如造锯），也都是人民群众在不同历史时期所创作的传说，并非春秋时期公输般的劳绩。

历代工匠希望提高自己征服自然、改进工艺的能力，把鲁班想象成具有神奇技艺和无穷智慧的匠师。民间很早就称赞鲁班的

"巧"，说他造的木头鸟能飞，木头人能够劳动，他造的灯台点燃后可以分开海水，他的墨斗拉出线来就可以弹开木头，他可以用唾液把碎木粘合成精美的梁柱，他可以在一夜之间建起三座桥，等等。

旧时代工匠对鲁班的敬仰还表现在他们的民俗活动中。在过去，木工、瓦工、石匠等都奉鲁班为"祖师"，为他建庙奉祀。明代初年汇编的关于土木工匠营造法式的书命名为《鲁班经》，书中还专门讲了"鲁班仙师源流"。鲁班传说在团结教育工匠方面，起了很大的作用。

鲁班传说除在汉族人民中传播外，在一些少数民族（如白、壮、苗、瑶、彝、水、土家、仡佬、布依等族）中也有流传。

# 孟姜女传说

中国民间传说。据唐《琱玉集》所引《同贤记》记载：燕人杞梁因避秦始皇筑城苦役，逃匿于孟超家后园树上，见孟女仲姿在池中洗浴。孟女因身体为杞梁所见，便以身相许。婚后杞梁又返回筑城役地，主典怒其逃走，将他打死，筑尸于城墙内。仲姿寻夫，至城下痛哭，城墙崩倒，露出尸骨，不能辨认。仲姿刺指血滴骨，至杞梁骨处，血径流入，于是收了尸骸，回去安葬。它表现了秦始皇的筑城苦役所造成的悲剧。

孟姜女传说渊源很早，《春秋左氏传》《礼记·檀弓》《孟子》

以及汉代《说苑》《列女传》等都有片段记载。历代文人诗歌也多有题咏。明清时期，随着孟姜女庙、孟姜女坟等的建立，各地方志与碑刻的记述尤多，并在各地戏剧、唱本等俗文学中成为常见题材。

孟姜女原型为春秋时齐国杞梁之妻，在《春秋左氏传》中是一个知礼的妇女形象。杞梁攻莒

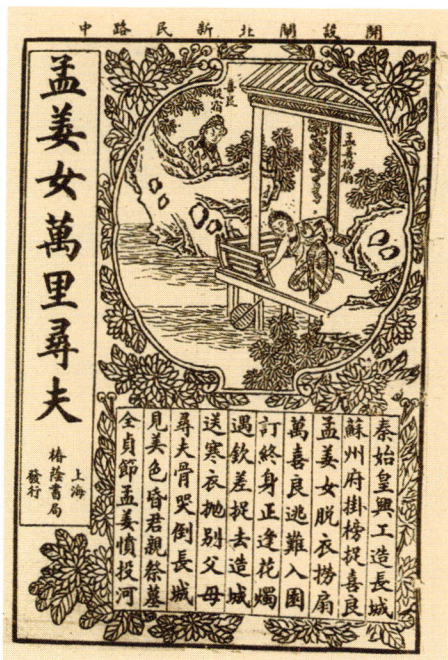

《孟姜女万里寻夫》封面（中华民国刊本）

战死，齐侯欲郊吊，杞梁妻以郊中不是吊丧之地加以拒绝，齐侯不得不改在杞梁家里吊唁。传说从此发端，后来增加杞梁妻"迎其柩于路而哭之哀"的说法，说杞梁妻"善哭其夫而变国俗"，与齐国地方民间崇尚"哭调"的风俗结合在一起。汉代又派生出哭倒城墙（或山）的情节。此时，杞梁妻由知礼而却郊吊发展为丈夫死后向城而哭，城为之崩，负尸骨归，投淄水而死，表现她哭的真挚和死的贞烈。

北齐屡筑长城，徭役繁重，民间多征夫怨女。民众把现实与秦代筑长城的苦役联系起来，使传说逐渐向反筑城徭役的主题演变。杞梁也由为齐国牺牲的战将，变成被打杀的筑城民夫。杞梁妻遂成为寻夫认骨、哭倒长城的著名传说人物。

杞梁妻在《同贤记》中名仲

姿，在敦煌曲子词中名"孟姜女"。明清以来，孟姜女被说成是葫芦所生，由于葫芦（或瓜）牵连到比邻的孟姜两家，因称"孟姜女"。秦始皇也直接成为传说中的重要人物，增加了新情节。孟姜女哭倒长城后，秦始皇见孟姜女美貌，欲纳为妃，并接受孟姜女提出的条件：披麻戴孝，手执丧杖，为杞梁发丧。最后孟姜女投海而死。此外，尚有秦始皇用赶山鞭，驱石填海，砸孟姜女等说法，幻想成分和传奇色彩有所增加。

近世孟姜女传说流布的地域几乎遍及全国，影响十分深远，各地出现不少异文。除各种诗文外，一些通俗唱本多取这个传说为题材进行创作加工，转而又影响了这个传说的口头讲述。

# 牛郎织女传说

中国民间传说。主人公牛郎和织女是从牵牛星和织女星的星名衍化而来。

汉魏间，牵牛织女两星开始人格化，民间便有了口头叙事作品。汉应劭《风俗通义》佚文引《岁华纪》载："织女七夕当渡河，使鹊为桥。"南朝梁宗懔《荆楚岁时记》云："天河之东有织女，天帝之子也。年年织杼劳役，织成云锦天衣。天帝哀其独处，许配河西牵牛郎。嫁后遂废织纴。天帝怒，责令归河东，唯每年七月七日夜渡河一会。"这大约是传说的较早面貌。后来故事中的天帝，被说成是王母娘娘，织女则成为

她的外孙女，牛郎是人间的看牛郎。织女下凡与牛郎婚配，并生一男一女，最后王母将织女捉回，用发簪在她和牛郎之间划出一道天河。牛郎携儿女追逐，被河所阻，只能在每年七夕时靠喜鹊架桥相会。这天夜晚，妇女集于瓜棚下，还可听到他们相见时的哭声，喜鹊在这一天也会因为以身搭桥而头上掉毛。有的异文说：天上牛郎星身边的两个小星，为织女生的一男一女；织女星怀中还有个牛枷星，是夫妻吵嘴时牛郎隔河抛过去的；而牛郎星附近的梭子星，是织女生气时打过来的，不过织女力气小，打得不准，所以梭子星并没有靠近牛郎星。这种说法增加了传说的生活色彩。

牛郎织女传说千余年来家喻户晓。牵牛织女之名，从《诗经·大东》中就可以看到，如"跂彼织女""睆彼牵牛"等。《古

牛郎织女（清末民间年画）

诗十九首》《迢迢牵牛星》中有关于它的歌咏。作品在流传演变中，由原来的隔河相望变成七夕鹊桥相会，融进了人们对牛郎织女的同情，增加了理想成分。这个作品在传承过程中还衍生出许多变异说法。有的与两兄弟型故事结合，把牛郎说成是被兄嫂虐待的弟弟；有的与羽毛衣情节类型的故事结合，把织女说成是天女下凡洗澡，老牛告诉牛郎藏匿织女衣服而成亲，最后织女找到衣服飞回天上，牛郎披上老牛皮，上天去会织女。流传于内蒙古地区的《天牛郎配夫妻》中老牛是帮助牛郎战胜哥嫂的助手。传说的结尾，还有岳父考验女婿的情节，牛郎忘了织女嘱咐的话，结果被天河所隔。

牛郎织女传说与七月七日的乞巧风俗结合非常紧密。《荆楚岁时记》较早记载这个传说对风俗的影响："七月七日为牵牛织女聚会之夜。是夕人家妇女，结彩缕，穿七孔针，或以金银石为针，陈瓜果于庭中以乞巧，有喜子网于瓜上，则以为符应。"

# 白蛇传说

中国民间传说。主要述说蛇仙白娘子与人间青年许仙的爱情悲剧，是一则带有神话色彩的传说。修炼成仙的白蛇羡慕人间生活，变作美女白娘子，通过游杭州西湖、使雨、借伞等有意安排的事件，与自己爱慕的男子许仙相见、相爱、成婚。婚后夫妻在镇江开药店为生，生活美满。与白蛇有仇的蛤蟆精变作法海和尚，

唆使许仙让白娘子在端午饮下雄黄酒，现出原形。许仙吓死。白娘子与青蛇所变的侍女小青盗得仙草救活许仙。法海又将许仙骗至金山寺，使夫妻分离。白娘子与小青水漫金山大战法海，但白娘子终因有孕在身未能取胜，回到杭州。在西湖断桥白娘子与从金山寺逃出的许仙相遇，夫妻团圆，并获贵子。法海再度破坏，将白娘子镇于杭州西山的雷峰塔下。一说修炼后的小青毁塔救出白娘子，并一起打败法海，将他定在螃蟹的肚脐里，永远不能逃出；一说是白娘子的儿子中了状元救出母亲。传说最初可能起源于民间发现巨蟒的传闻，并在一定程度上受到唐传奇《白蛇记》的影响。传说雏形可追溯到宋代，随着传说自身的发展变化及与说唱、话本、小说、宝卷、戏曲不断相互影响，有多种异文和表演形式。发展大致有四个阶段：以《西湖三塔记》和明末《警世通言》中《白娘子永镇雷峰塔》为代表分别为第一、二阶段，作品强调白蛇的妖性，写人妖间的感情纠葛，矛盾在许仙与白蛇间展开，主题则是歌颂佛法无边、镇压妖魔。第三、四阶段分别以清初方成培所撰传奇《雷峰塔》和田汉改编的京剧《白蛇传》为代表，此时白娘子以追求自由爱情的民间妇女形象出现，与法海的矛盾成为主线，突出女性反压迫意义。艺术样式主要有散文体的讲述，如传说民间话本；韵文及韵散结合的说唱，如民间叙事诗；以及戏曲、电影等。

# 梁祝传说

中国民间传说。讲述一对青年男女因不能自主结合，最终合冢化蝶的爱情悲剧。记载梁祝传说的最早文献是初唐梁载言的《十道四蕃志》。晚唐张读的《宣室志》记载了这一传说的全貌。基本情节：上虞祝氏女英台女扮男装与会稽梁山伯同窗三载。祝英台回家二年后，山伯访之，方知其为女子。告其父母求聘，但英台已许配马氏子。山伯后为鄞令。病死后葬于鄞城西。一日英台乘舟路过墓地，得知有山伯墓，登岸号恸，地忽然裂陷，英台于是与山伯并埋于墓中。晋丞相谢安奏表其墓曰：义妇冢。

明代冯梦龙《古今小说·李秀卿义结黄贞女》"入话"列举的几个女扮男装的传说中也有梁祝传说，其中已经有英台与梁山伯合葬后双双化为彩蝶的结尾。与现在传说不同的是英台只有兄嫂没有父亲；她与山伯分别时没有暗示自己是女子；对马家婚事没有表示反对。梁祝传说在元代已被编成戏曲。元杂剧有《祝英台》剧目。《录鬼簿》记有《祝

英台死嫁梁山伯》的全题。明代有《同窗记》，还有《英伯相别回家》的单出。其他如《山伯千里赴约》《楼台会》《祝庄访友》等都是以这个传说为题材的戏曲传统剧目，现代戏曲有川剧和越剧的《柳荫记》与《梁山伯与祝英台》等。文学、音乐、舞蹈等领域也都有根据梁祝题材创作的作品，具有广泛的世界影响。经过话本、戏曲的不断再创作，祝英台有抗婚行动，增强了反对包办婚姻的意义。

# 人参传说

长白山地区关于人参和挖人参的传说。关于人参的传说，最早见于《春秋运斗枢》的记载。南北朝时，已把人参和治病联系起来，形成传说的简单情节。《梁书》（卷五十一）记载，陈留孝子阮孝绪，因母病到钟山采参，鹿引获此草，服之遂愈。《太平御览》（卷九百九十一）亦载："隋文帝时，上党有人宅后每夜有人呼声，求之不得。去宅一里，但一人参枝首，掘之入地五尺，得人参一，如人体状，去之，后呼声遂绝。"至唐时，发展为"草妖""地精"的说法；有的还把人参说成能医治"鲁钝"和可以益寿的"褐衣老翁"。

近代大量人参传说流传在东北长白山地区。它主要是从事挖参的劳动人民的口头创作，旧的盛传不衰，并不断产生新的故事。其中，相当一部分人参传说和清代以来山东、河北等地流民开发关东地区的历史背景有关。这些传说从多方面反映了挖参人的善良、勤劳、互救互济、不畏艰辛等优秀品质。有的传说鞭笞了那些忘恩负义的贪心者。特别是反映参农在封建官府及地主阶级层层盘剥下的种种苦难和反抗。如《棒捶雀与赶山王》《人参姑娘》《童子参》《刺官棒》等，具有深刻的思想意义。

人参传说反映出人民对美好生活的憧憬。这些故事往往充满着神奇的幻想。如善良的老把头神会帮助挖参人挖到宝参；美丽的参姑娘会和年轻的挖参人结成伴侣；毛驴参可以不吃草料而为穷哥儿们开荒种地；龙参放到水里，河水就能长流不息，消除旱灾；深山的梅花鹿、林间的雀鸟，乃至一草一木，都会成为挖参人的忠实朋友和生活助手，人参也大都被人格化了。人参精的形象直接取自人参宿根酷似人形的特点。在故事中被描绘为穿红肚兜的小孩、头插红花的美丽姑娘、善良的白发老翁等。他们以优美的形象、善良的品质、神奇的魔力，出没于深山密林，帮助辛苦的参农战胜敌人，发财致富，或获得爱情、健康和幸福。在艺术上，人参传说一般构思奇特，情节比较曲折，形象生动感人，富有民族风格和美学价值。

# 神医传说

关于古代名医的传说。这类传说叙述古代名医在医疗过程中表现出来的神奇事迹。

中国医道历史悠久，关于神医的传说也产生甚早。远古时期，民间即流传有神农辨识百草的神话。春秋战国之后，以历史上的名医为主人公的传说继而兴起。如战国时的扁鹊通过"望诊"，对齐桓公的病情发展判断如神；东汉年间的华佗用"麻沸散"成功地进行了外科手术；唐代的孙思邈精于针灸，一针扎好了病人久治不痊的左臂；明代的李时珍熟悉各种草药，能够正确辨别假药使病人很快痊愈，病家为此求助

于这位神医，便纷纷把药渣倒在路口盼他路过时帮助鉴别真伪。他们还教给人们健身防病的方法，如华佗仿效虎、鹿、熊、猿、鸟的动作，创立了"五禽戏"等等。

神医传说在赞扬这些名医医术高超的同时，往往表现了他们勇于实践、不断探索的精神。《三月茵陈四月蒿》叙述华佗用野蒿头为人治疗肝炎，但是疗效不一。后经过调查研究，了解到必须采用清明前后的蒿头才能奏效，于是别称之为"茵陈"，以引起人们的注意。在传说中有些名医取得成就后仍然谦虚好学，不仅向同行学习，即使是徒弟、一般农民等只要有一技之长、一得之见，

扁鹊（汉代石刻）

他们都认真请教。甚至路远迢迢到他乡投师，隐姓埋名，一学就是三年五载。

医德高尚，是神医传说传颂的又一重要内容。这些名医医术高超，志在为广大群众解除病痛，而不贪图官爵利禄。孙思邈拯唐太宗的皇后于难产，立了大功，但他拒收赐给他的房产和黄金，只求放他还乡做一个"民间医人"。对于广大病家，他们急人之所急，施医舍药，不辞辛劳，不计报酬。明代的沈佺期随郑成功征讨侵略者收复台湾，为高山族人民治病，被奉为台湾的医祖。

祛病延年，历来是人民群众的愿望。名医们以高超的医术和高尚的医德疗病治疾，救死扶伤，受到人们衷心的爱戴，他们的事迹在流传中被神奇化，形成了数量可观的神医传说。这类传说除具有文学性外，在一定程度上也反映了中国古代民族医术的发展，具有一定的历史认识价值。

# 中草药传说

民间药物传说。包括民间流传的有关草本木本以及鳞介、禽兽、金石等常用药物的各种传说。大都属虚构性故事。

中草药传说来源于人们的生产实践。人类在原始社会时期就

《中草药的故事》封面

有了偶发性的医疗活动。《山海经》中，即有许多关于古代人医药知识的记载。《淮南子·修务训》中将药物的发现说成是"神农尝百草，一日而遇七十毒"的结果。这些都是关于中草药的早期传说。

中草药传说按其内容大体可分三类：

第一类是讲述某些中草药的发现过程，通过对某些药草性能和采集经过的叙述，赞美了采药人不畏艰险、舍己救人的崇高品质。如能治癣疥、湿疹的《蛇床子》的传说，就讲述一个勇敢的青年，为医治村中传染蔓延的疥毒，不顾生命危险去到蛇岛，从毒蛇的身下挖出一种野草，消除病患的过程。

第二类讲述药物的来历，通过某些药物来历的虚构情节，对社会上存在的贪婪、自私和虚伪、欺骗等思想行为进行批判。其中有的还涉及劳动人民被剥削和压迫的处境和某些反抗情绪。这类作品想象成分较多，情节也较曲折，如《续断》所讲便是一个曲折悲惨的故事。其主要情节是，走山串乡的江湖郎中用祖传丹药使一个青年起死复生。药商山霸欲利用他发财，他拒绝后，腿被打断，以草药续断治愈。如此三次均用续断治愈，从此留下续断这味药。

第三类是单纯解释药物名称的。有的利用药物谐音生发故事，如《当归》《知母》；有的以草药形状命名塑造形象，如《人参》《白头翁》；有的将药物的名称人格化，以物喻人，如《金银花》《佩兰·藿香》等，表现手法各有不同。

中草药传说，多与药物的性能、形状、特点紧密结合，具有一定知识性和思想意义。

# 地方风物传说

关于某一地区山川、特有景物等的解释性传说。地方风物传说是民间传说的一种，特点是通过生动的情节，对于特定的自然物或人工物的来历、特征、命名原因等，给以说明解释。它经常把风物介绍、叙事情节、说明解释三种成分结合在一起。如《幽明录》中关于"望夫石"的传说：武昌阳新县北山上有望夫石，状若人立（风物介绍）。相传昔有贞妇，其夫从役，远赴国难，妇携弱子，饯送此山，立望夫而化为立石（叙事情节），因以为名焉（解释望夫石名称的由来）。

地方风物传说中包含有大量关于特定山川、风物、建筑、特产、民俗的知识，反映的社会生活内容十分广泛。民众往往通过传说抒发自己的情感，表现自己的生活理想。

传说中大量作品是运用奇妙的幻想、超自然的形象、神奇变化的手法创作而成的。像龙王行雨，神鞭赶山，画鹤飞腾，井水变酒，神、人化石，开山取宝，动物辅助建城，神仙解救危难等

《中国地方风物传说选》封面

神奇情节，常出现在风物传说之中。传说还以叙述现实生活的创作方法，引人入胜。例如传说修建嘉峪关的工匠精于计算，全部工程完工最后只剩一块砖，剩下的这块砖今存城楼上，为工匠传名。其他如书写山海关"天下第一关"匾额的传说，昆明西山龙门开凿者的感人事迹等，也都属于这类。

地方风物传说的地方性十分明显，很多传说仅仅为某一地方所特有。如北京的《八臂哪吒城》，东北的《公主岭的传说》等都是。但也有些传说，流传广泛，如"飞来峰（或钟）""望夫石""烂柯山""神人担山""陆地沉湖""僧道索地""流米岩洞"等类型的传说许多地方都有。

有许多地方风物传说是一般民间故事附着在特定的地方风物上形成的，也即故事的传说化。

## 老虎外婆故事

中国民间故事的一个情节类型，又叫"狼外婆故事"。朝鲜、日本、越南等地也有这类故事流传，同欧洲"小红帽型"故事相似。故事的主要情节是母亲把孩子留在家外出，野兽或妖精扮成母亲或外婆来到家里，夜间和孩子们同睡时吃了最小的一个。姐姐们逃到门外树上，用巧计把野兽或妖精杀死。这个故事在中国各地广泛流传，并存在或大或小的变异，如野兽或妖精的名称有不同。清代黄之隽的《虎媪传》中所记的安徽歙县故事说的是母老虎，20世纪30年代初期在浙江、山东、湖南一些地方的故事中仍是老虎，其他现代记录的许多异文是狼外婆（安徽、江苏、四川、河南、河北、北京、山西等地）。此外，还有"野熊外婆"（浙江永嘉）、"鸭变婆""野狐精""老妖婆"（云南）、"狐狸精母亲"（福建）、"秋狐外婆"（江苏南通）、"野人婆"（青海）等。小孩的名字也有不同，多以日常用具取名，如门闩儿、门鼻儿、扫帚疙瘩、升儿、斗儿等。在情节上，一头一尾变化较多。在《虎媪传》中，开头是母亲让两个孩子给外婆送枣儿，路上遇到母老虎伪称外婆，一起回到家中……现在流传的绝大多数故事中都是母亲外出被妖精吃掉，妖精装扮成外婆到家中找孩子。故事结尾，《虎媪传》中是挑担的人从树上救下了孩子，现代流传的多是孩子自己把野兽或妖精摔死或把它关在柜子里用开水烫死等。

各地故事基本情节和最有特色的一些关键性细节差异不大。故事运用象征手法，生动地表现具有典型意义的妖精和孩子的形象，巧妙地教导孩子要善于识别坏人的伪装，碰到坏人为害时要勇敢、机智地进行斗争，最后一定能取得胜利。故事中的人物形象对比鲜明，情节比较曲折，对话巧妙，符合儿童的心理特点和接受能力，具有相当的教育意义，一直流传不衰。张天翼的童话《大灰狼》就是在这个故事的基础上进行创作的。

# 龙女故事

异类报恩故事的一种。此类故事的主要情节是：龙女变为鱼或蛇遇难，为海边的孩子或猎人所救。为了报答救女之恩，龙王赠给孩子或猎人宝物（名贵的绢、如意磨，或含在嘴里可以听懂动物语言的宝石等）。此后还有围绕宝物发展的一些情节，如唐代流传的《三卫》（《太平广记》引《广异记》），现代记录的如闽南的《龙女》、蒙古族的《猎人海力布》。为了报恩，有的故事叙述龙女嫁给了救她的恩人。

各族民间流传的龙女故事，主题和内容各不相同，和上述故事情节相近的还有一种说法：故事主人公救的是龙王太子，龙王答谢时，主人公在龙王太子或龙宫其他人物授意下，向龙王索得小花狗或竹篮，他归家后小花狗等变为美女与之成婚，并有婚后和国王或财主进行斗争的情节。还有各式各样并不包含报恩成分的龙女故事。

龙女故事在中国流传较早，晋干宝《搜神记》中已有庐陵欧明曾多次向彭泽湖投物献礼，因得湖神青洪君婢女如愿的故事。唐代李朝威的《柳毅传》是根据龙女故事再创作的传奇小说。今洞庭湖一带还有和《柳毅传》相近的《龙女牧羊》故事。故事梗概是：洞庭湖龙王三女儿因打破玉帝赏赐的宝杯，被罚嫁给人间财主家的儿子。婚后被财主一家人欺侮，在为财主家放羊时，在湖边邂逅青年柳明英。柳明英帮龙女送信，龟丞相带水族救回三公主。龙王款待柳明英，并把龙女眼泪变的一盘珠子送给他。柳明英回家后，见财主家已被沉入水底。这个故事和《柳毅传》似乎有些渊源关系。

现仍然有《龙女和三郎》《猎人和龙女》等故事在民间流传。它结合不同民族的生活、风习，产生了不同民族特色的异文。

# 田螺娘故事

中国民间神奇故事。最早见于托名陶潜著《搜神后记》卷五《白水素女》和唐代《原化记》（原书佚）中的《吴堪》。故事大意是：田螺娘为仙女，因怜悯孤苦伶仃的男主人公而来到人间，帮助他生活，生下儿子后离去。她给丈夫留下螺壳储米，永远吃不完。有的故事说，天帝念男主人公独身，派白螺化为姑娘和他结为夫妻。县官为霸占白螺女而三难她的丈夫，白螺女帮丈夫一再战胜县官。最后白螺女烧掉县官家屋之后离去。更多故事是讲螺女敬慕男主人公的品行，才结为夫妇的。高山族的《螺蛳变人》

融入"羽毛衣"一类故事之中。田螺娘与男主人公的结合和离去，主要原因是螺壳的被藏匿和复为田螺女所得。在这一关键情节中，禁忌观念起了重要作用。古人认为螺壳是身体的一部分，农民得到螺壳便可以控制田螺女的去留。它曲折地反映了人民的意愿。从《白水素女》到《吴堪》的变异，由悲剧性的故事发展成田螺女帮助丈夫战胜县官，说明时代越晚，故事的社会意义越强。

## 《山海经》

中国古代地理、神话传说著作。今传本 18 卷，包括《山经》5 卷、《海经》8 卷、《大荒经》4 卷、《海内经》1 卷。旧传是禹、益所作，一说出自"禹鼎图"，都不可信。

《山海经》的《山经》和《海经》各成体系，成书时代也不相同。《山经》为巫祝之流根据远古以来传说记录的巫觋之书，专门记述海内各方名山大川、动植物产、祯祥怪异、祭祀所宜。写定时代，一般认为是战国初期或中期。《海经》为方士之书，专门记载海内外殊方异国传闻，夹杂大量古代神话，是秦或西汉初年的作品。至于《大荒经》和《海内经》，据考本为《海经》中的文字，西汉刘秀（即刘歆）校订《山海经》时定为13篇，删去部分内容，没有进上，逸出在《山海经》之外继续流传，称《大荒经》和《海内经》。大约在晋郭璞为《山海经》作注时，才又将它们收录进来，独立成篇。

《山经》又称《五藏山经》，因《山经》末行云："右五藏山经五篇。""藏"，意同"内"，"山经"上加"五藏"两字，是说这5篇所记述的山川都在内地，即华夏范围之内。《山经》所载山川大部分是历代巫师、方士、祠官的踏勘记录，经长期传写编纂，多少会有所夸饰，但仍具有较高的正确性。部分偏远地区资料采自传闻，无从核实，离地理实际就相当远。记述方式是先按大方位分成5区，即以南山经、西山经、北山经、东山经、中山经命名；次将每区的山分为若干行列；然后每一列从首山曰某山叙起，依次叙述某向若干里曰某山；山下叙某水出焉，某向流注于某水或泽或海，或无水。全部《山经》共载有447座山，其中见于汉晋以来记载，可以指实确切方位者为140座左右，占总数三分之一。这140座中的半数属于《中山经》，半数分属于南、西、北、东四经，而极不平衡。对今豫西、晋南、陕中地区的记载最为详确，离开这个地区越远，越疏略差谬。

《南山经》东起今浙江舟山岛（漆吴山），西抵湖南沅水下游（柜山），南抵广东南海（《南次三经》诸水所注海）。可指实的最北一座山"浮玉山"，即今浙江东天目山。连带叙及的"具区"，即今太湖。

《西山经》东起山西、陕西间

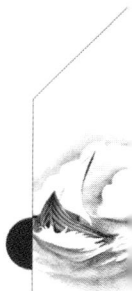

的黄河，南达陕甘秦岭山脉，北抵今宁夏盐池西北（申首山）、陕西榆林东北（号山）一线，西南抵甘肃鸟鼠山以及青海湖（西海）、倒淌河（淒水），西北可能到达新疆阿尔金山（翼望山）。

《北山经》西起今内蒙古腾格里沙漠（滂、滑、彭水注于此），东抵河北中部（北次三经所见河水下游），南起山西中条山，北抵内蒙古阴山以北，北纬43°迤北一线（嚣水所注敦题山所临）。

《东山经》西起今山东泰山，东抵成山角（胡射山），北抵长山岛（盆山），南尽安徽濉河（偲水）。

《中山经》自首山经至七山经，当今晋南豫西地。八山经为今鄂西地，十、十一山经为今豫西南地，十二山经为今湘北赣北地，皆在南、西、北、东四经之中。唯九山经地处西南，西起四川盆地西北边缘（来山、崍山、岷山、章山），东至四川东部，并不居中。

《山海经》的《海外经》《大荒经》和其他各篇，都保存了大量的神话传说。这些资料具有重要的文学价值和史料价值，对研究中国的原始社会和上古的姓氏、部族，以及考察上古人对宇宙、自然和社会历史的认识，都有重要意义。

在《山海经》里称帝的共12人，他们都是天帝，居住在天上，但也有地上的都、台、囿、畤，妻子和儿女，其儿女在下界建立国家。这说明帝本是某一部族的先祖。根据《山海经》的记载，黄帝是西方的天帝。他不仅是颛顼的曾祖、鲧的祖父，而且是中国境内和四裔许多部族共同的祖先，这对研究中华民族史有重要价值。帝俊不见于他书，也没有列入三皇五帝之中，所以学者纷纷猜测他是另一帝的别号。但是《山海经》关于帝俊的12条记载，没有一条与经中其他天帝的事迹重复，而且帝俊的名号往往与其他天帝在一篇中同时出现。可见他是《山海经》中独有的天帝。《山海经》把农、工、车、舟、琴瑟、歌舞的发明权都归于帝俊，并说他和羲和生了十日，又生了十二月，则又与天文历法有关。帝俊的后代多在东方，或许他是东方代表智慧的天帝。《山海经》中还记载了一些人王和他们的事迹，如大禹治水、禹所积石、禹攻共工、启上嫔于天等。其中《大荒东经》关于王亥的记载，曾引起史学界的注意。

《山海经》有晋郭璞注本。清人郝懿行有《山海经笺疏》。近人有袁珂《山海经集释》。

# 《搜神记》

中国志怪小说集。撰者东晋干宝。《晋书·干宝传》说他有感于生死之事，"遂撰集古今神祇灵异人物变化，名为《搜神记》"。

《搜神记》所记多为神怪灵异，但也保存了不少民间传说。如《韩凭夫妇》《李寄》《干将莫邪》等篇，暴露统治阶级的残酷本质，歌颂反抗者的优秀品德，描写也比较细致，历来被推许为名篇。还有一些有意义的古代民间传说，如马皮卷走少女化为蚕、紫玉显魂等。

卷十三记汉代孝妇周青遭诬陷被杀，行刑时颈血逆流飞上旗杆，死后当地大旱3年，强烈地抨击了凶恶昏庸的官吏滥杀无辜的罪行，成为后来《窦娥冤》等戏曲故事的蓝本。由于本书篇幅较大，所收内容庞杂，且多为有价值的名篇，所以在六朝志怪小说中占有重要地位，被当时人刘惔称为"鬼之董狐"。

据《晋书·干宝传》所记，此书原为30卷，传至宋代已经散佚。今存20卷本，可能为明代胡应麟等人重辑。最初刊行于《秘册汇函》中，后收入《津逮秘书》和《学津讨原》。

另外，和干宝的《搜神记》没有什么牵涉，但也称作《搜神记》的，还有两本书。一是商浚《稗海》8卷本的《搜神记》，一是句道兴残本《搜神记》。8卷本亦传为东晋干宝撰，有人认为是赵宋以后人据北魏昙永《搜神论》残卷增补而成的。句道兴本出于敦煌石室藏书，有英藏本、法藏本及《敦煌零拾》（据日本中村不折藏本）诸卷。残存共 35 则，其中 12 则见于 20 卷本，15 则见于 8 卷本。内容大致相同，文字详略有异。题句道兴撰，作者及成书年代均无从考知。《敦煌变文集》等书载校录本。这 3 种《搜神记》，均有汪绍楹校注本（1979）。

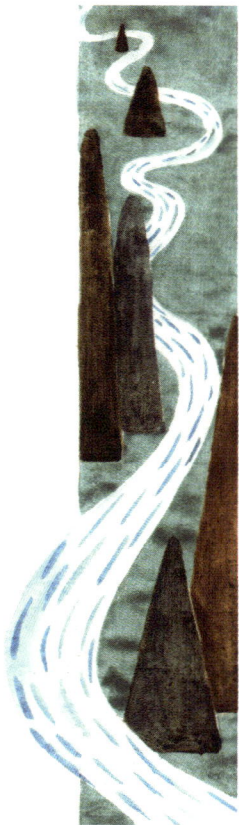

# 《古今谚》

中国古代谚语集。明代杨慎编纂。成书于明嘉靖二十二年（1543），1 卷。据《四库全书总目》称，此书是编者被贬期间，借编录以遣岁月之作，其孙杨宗吾刊刻问世。《古今谚》收古代诸家典籍及名人所传引的古谚古语 260 余则，另有地方谚语 40 余则。编纂特点是：①古谚古语大体按历史顺序排列，如黄帝谚、夏谚、周谚、春秋战国谚、汉时谚等。有些谚语古籍所载年代不清，则以"古谚""古语""古言"称之，如《列子·杨朱》引古语：'生相怜，死相捐'"等。②所辑时谚，按地区不同，单独列有"吴

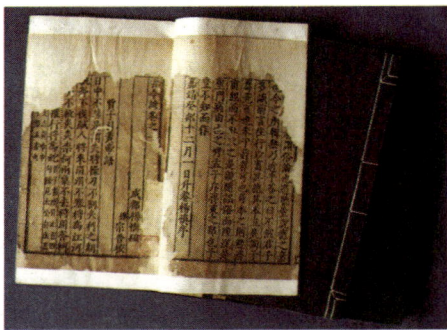

《古今谚》

谚、楚谚、蜀谚、滇谚"一项。这些地方谚语大多为农谚或气象谚语，如吴谚有"早霞红丢丢，晌午雨浏浏；晚上红丢丢，早晨大日头"等。③从文学角度看，所选谚语多富形象性，如"井水无大鱼，新林无长木"等。编者认为谚语自然成诗，并有文理："田夫之谚，而契周公之诗，信乎六律之音，出于天籁"，"夫文辞鄙俚莫过于谚，而圣贤诗书采以为谈"。书中"谚语有文理"项下特别附有古人诗词中引用谚语的例子。杨慎对大多数谚语加有注释，或考订、或释义、或参证、或

注音。例如，"百足之虫，三断不蹶"注："《墨子》亦引此，'百足'作'冯功'。'冯功'，虫名。蹶，一作僵。"编纂《古今谚》是用以自遣，因而所辑谚语数量有限，不够完全，编排也不够严谨和缜密，前后体例不甚一致。清代史梦兰辑有《古今谚拾遗》6卷，补其阙如。

# 《古谣谚》

中国清代辑录古代民谣和谚语的专书。编者杜文澜（1815—1881），字小舫，浙江秀水人。官至江苏道员。工词，有《宋香词》《曼陀罗华阁琐记》《词律校勘记》等传世。《古谣谚》100卷，其中

正文85卷，附录14卷，集说1卷。

《古谣谚》把大量古籍中保存的上古至明代的谣谚汇编成集，自宋代以后同类书中堪称集大成者。书中的谚语主要是关于农事活动、气象占验、地方风土，以及各种社会生活经验等的作品。部分谚语和民谣直接与历史人物或历史事件有关，或赞美颂扬，或讽刺揭露。有的童谣为谶语，也关涉社会历史。《古谣谚》以作品初作之时是否发乎语言作为辑录与否的主要标准。对于歌谣，

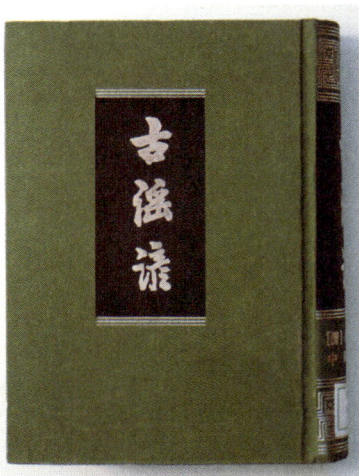

《古谣谚》封面

它根据古代有徒歌与合乐的分别，只收属于徒歌的谣。对于谚语，它兼收"彦士典雅之词"和"传世通行之说"。所收作品按其性质可以分为两类：①大量的不同时代、不同地区流传的百姓、郡民、时人，以及各种劳动者和少数民族的作品。如《续汉书·五行志》所引《顺帝末京都童谣》（"直如弦，死道边"），《海防辑要》所引《漳人为俞大猷戚继光语》（"俞龙戚虎，杀贼如土"）。②古代帝王、名臣、文人、僧道等个人的创作，还有一些依托于古人和传说的鬼神等的作品（这些依托的作品编入附录）。如《穆天子传》所载穆天子与西王母相互赠答的谣、《论语·微子》所载《楚狂接舆歌》、《战国策》所载《荆轲易水歌》等。《古谣谚》兼收异文，列于附注。对于每一作品产生、流传的原委，原书引用时有关的上

下文，以及某些作品的"应验"情况等，一一予以叙录，或加以考辨。如关于明末李自成起义民谣各种异文产生和传播的经过，苏州民众颂扬清官况钟的始末，汉末荧惑星降为小儿传出童谣的情形，《芝麻谚》有关的民俗观念等都有记载。

《古谣谚》"凡例"17 则，论述了古代谣谚的本义，分析了古籍中谣谚的种种名称和创作时的复杂情况，确立了比较严格的辑录标准和编选原则。其中一些分析和论述对于了解古代谣谚面貌具有参考价值。书中第 100 卷集中古人关于谣谚的论述 80 多则，其内容涉及谣谚的定义、特点，谣谚的科学价值和政治作用，以及古代关于采风的记述等，是歌谣谚语研究的重要资料。

## 《格斯尔传》

蒙古族著名英雄史诗。同英雄史诗《江格尔》、史传文学《蒙古秘史》并称蒙古族古典文学的三大高峰。它最早脱胎于藏族史诗《格萨尔王传》，两部史诗的主要人物基本相同，故事情节亦颇多类似之处。在不同民族不同地区的长期流传中，它们各自具备了鲜明的民族风格和地方特色，形成了两部独立的作品。《格斯尔传》从民间口头创作到定型的书面文学，经历了几个世纪的漫长过程，大约到明清以后才以各种手抄本和木刻本广为流传，遍及我国内蒙古、青海、新疆各蒙古族聚居区，以及蒙古人民共和国、苏联布利亚特自治共和国等地。除了流传于民间的口头文学"格斯尔故事"外，书面的刻本和手抄本为数众多。它们大致可以分为散文本和韵文本两大类。散文本有著名的北京木刻本、鄂尔多斯本、卫拉特本和《岭格斯尔》等。韵文本以布利亚特的《阿伯格斯尔》最有特色。

几个世纪以来，中国各民族学者对这部优秀史诗的性质、人物和产生年代做过许多考证和探索。中华人民共和国成立后，有计划地展开了搜集、整理、翻译和研究工作。汉译本《格斯尔传》由桑杰扎布翻译，1960年人民文学出版社出版。这部史诗很早就流传国外，先后被译成俄、英、法、德、日、印度等多种文字出版，受到了国际上的普遍赞赏，被认作东方史诗的代表性作品。

《格斯尔传》描写的是玉皇大帝次子、"威震十方的圣主"格斯尔降生人间为民消灾除害的业绩。他大显神通，把破坏牧场的鼹鼠精、抽食婴儿舌头的魔鬼喇嘛和称霸北方的黑色斑斓魔虎等一一消灭，又施展法术把沙漠改造成肥美的草原，使荒凉贫瘠的故乡变成了人畜两旺的人间乐园。他成为国王之后，对内推行造福百姓的仁政，对外与友好部落和

国家大力发展睦邻关系，协助契丹国王整顿朝政，同时以大无畏的英雄气概粉碎了一切敌人的寻衅进犯。此后，格斯尔又经历了各种磨难，战胜了图谋不轨的仇敌，终于迎来了部落的持久和平和幸福。

主人公格斯尔体现了贫苦牧民要求征服自然力和社会恶势力的愿望和理想，是古代人民智慧和力量的化身。他带着平息世界混乱的使命降生人间，以无比的智勇扶弱济贫，为争取丰衣足食、和平安定的美好生活而斗争。这部史诗被农牧民奉为祈福禳灾的经典，许多人把它谨慎供藏，代代相传。因而格斯尔的名字和事迹也在草原上广为传颂，家喻户晓。除格斯尔外，史诗还成功地塑造了几个为农牧民喜闻乐见的人物形象，如善良贤淑的妃子阿尔伦高娃、忠勇的大将哲萨、容

貌娇艳而见异思迁的茹格慕高娃、贪婪狡黠愚蠢可笑的叛徒楚通等。

《格斯尔传》继承发展了古代英雄史诗的传统，带有浓重的浪漫主义色彩；同时又以巨大的艺术概括力描绘了古代社会生活，富于草原气息。它的结构宏伟缜密。每章包括一个完整的故事，具有说唱文艺易地多次讲述的特点。但各章之间又保持着比较密切的联系，故事情节打破了一般古典史诗单一化的程式，较为繁富曲折。紧张热烈的战斗场面和诗情画意的抒情描摹交相辉映，具有一种特殊的艺术魅力。它的语言兼有民间口语的生动性、形象性和书面语精炼隽永的特色，散文中含蕴着内在的节奏和韵律，适于诵读。史诗大量吸收了神话传说、民间俗谚、祝词赞词、咒语格言，巧妙地运用了比喻、夸张、拟人、反复等表现手法，使

整部作品呈现出雄浑瑰丽、多彩多姿的艺术风格。长期以来，这部史诗被誉为蒙古族古代文学和语言的宝库，对后代产生了深远的影响。

在流传形成的过程中，这部史诗受到了佛教的熏染，人物形象故事情节中羼杂着许多因果报应观念和佛陀济世的迷信。这主要来自僧俗统治者的篡改，同时也反映了古代人民在特定历史条件下的思想局限性。

# 《格萨尔王传》

中国藏族英雄史诗。广泛流传于西藏、青海、甘肃、四川、云南等省区的藏族、蒙古族、土族、裕固族、纳西族聚居区。蒙古族英雄史诗《格斯尔传》与《格萨尔王传》同源异流，因此也合称为《格萨（斯）尔》。关于这部史诗的产生，一般认为是自11世纪以来，在藏族古老的神话、故事、歌谣、谚语等民间文学的基础上，由民间说唱艺人集体创作而成，是世界上至今仍属于活态传承的少数史诗之一。迄今共搜集到史诗近百部，总计达到50万行。在蒙古国、俄罗斯的布里亚特、卡尔梅克蒙古地区及喜马

拉雅山以南的印度、巴基斯坦、尼泊尔、不丹等国也有流传。它集藏族历史、宗教、文学、语言、医学、民俗等于一身，全方位地反映了古代高原的社会生活。

**产生背景与主题思想**　学者一般认为，《格萨尔王传》产生于 11 世纪。当时，藏族社会长期处于分裂割据、动荡不安的局面。统治者之间为争权夺利征战不息，同时又对人民群众进行残酷的压迫与剥削，因而人民盼望有一个爱护百姓、能抵御外敌、给人民带来安定幸福生活的君王出现，这就是《格萨尔王传》产生的社会历史背景。史诗中关于生活在高原上的部落、邦国分裂割据，弱肉强食，互相侵扰、掠夺的描写正是当时高原社会状态的真实写照。《格萨尔王传》的主题一是为民除害，保护百姓；二是反对侵略，保卫家乡；三是扩大财富，改善生活。史诗通过对格萨尔王多次征战，建立以岭国为中心的多国军事联盟的英雄业绩的描写，体现了主题。史诗中偷盗大食国马匹、抢劫象雄国商人财宝等引发的战争，虽不能被现代人正面肯定，却正是藏族古代社会历史的真实反映。

**艺术特色**　史诗采用了藏族人民喜闻乐见的说唱体形式。这种文体由散文和韵文两部分组成。散文部分介绍故事内容和情节，韵文部分主要是人物对话和抒情。唱词一般采用民间广泛流传的鲁体民歌或自由体民歌的形式。韵文为多段体，每段 2 至 8 句不等，每句一般为 7 个或 8 个音节。唱词继承了藏族诗歌的传统韵律并有所发展：多段回环，句首、句中、句尾重叠，每段结尾句全句重叠以及顶真格的手法被广泛使用。史诗和谐悠扬、铿锵有力、

格萨尔王唐卡

音韵优美。

《格萨尔王传》在人物形象塑造方面十分成功。史诗中从天界的诸神到人间的群雄，从众妖直至阴间的阎罗鬼魅，总计有千数之众。至高无上的神各具形态，尽职尽责；人间的妖魔各霸一方，涂炭生灵；地狱中的阎罗小鬼则执掌人们在阴间的归宿，使人们备受轮回之苦。神、妖、鬼的形象独具特色，与众不同。然而史诗中着墨最多、塑造得最成功的还是人的形象，特别是主人公格萨尔及其爱妃珠牡。格萨尔作为天神之子投胎人间，被塑造成一个神人参半的形象。在他身上，既有神的力量，能呼风唤雨、变幻无穷、降伏一切妖魔；同时又具有人的一切特征：食人间烟火、有七情六欲，是一个血肉之躯，一位可亲可敬的英雄。此外，英雄也犯错误，如在征服北地魔国后与爱妃梅萨滞留魔国，致使霍尔乘虚而入，侵扰岭国。这正是史诗塑造人物的别具匠心之处，更增加了人物的真实性。珠牡是一位外貌美丽、情操高尚的古代藏族妇女的杰出代表。她出身名门，却与一贫如洗的格萨尔私订终身；在外敌入侵的危难时候，挺身而出带领人民抗敌；在被俘并被霍尔王强纳为妃后，仍千方百计捎信，等待格萨尔王的解救；在格萨尔王前来营救时，她抛下与霍尔王所生的3岁儿子，毅然返回岭国。为此，在藏族人民心目中，珠牡成为美丽、聪颖、贤惠、忠贞等一切美好品质的代名词。

《格萨尔王传》中还运用了大量的谚语和赞词，为史诗增添了艺术魅力。

**《格萨尔王传》的传承** 《格萨尔王传》在民间呈两种形态

流传：一种是最古老的传承方式——民间艺人的口头说唱。艺人在各流传地区说唱一个主题、情节和结构大致相同的故事，从传播方式到说唱内容、艺术手段等均鲜明地保留着史诗的原生态。另一种是文人们将艺人的口头说唱记录成文或根据史诗故事再创作，这类本子在民间得以辗转传抄，甚至有史诗木刻本的问世与传播。上述两种传播方式各具特色，相辅相成。说唱艺人是史诗的主要创作者、保存者和传播者。他们绝大多数不识文字，一些优秀的艺人凭记忆可以说唱几十部乃至上百部。20世纪80年代后抢救《格萨尔王传》的工作取得巨大成果。著名藏族艺人扎巴、

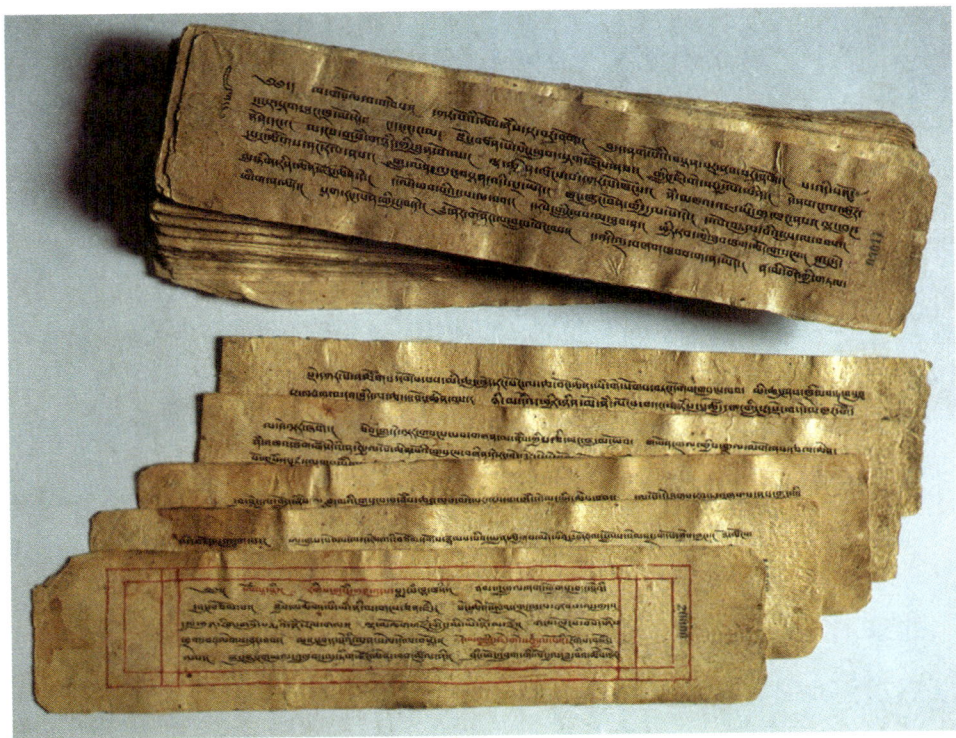

《格萨尔王传》手抄本

桑珠的说唱本正在陆续问世。

**《格萨尔王传》的搜集、整理、出版及研究** 《格萨尔王传》是研究藏族社会历史的重要资料，因此引起各国学术界的广泛关注。中国的搜集、整理始于20世纪40年代。50年代末，青海省专门组织人力搜集、整理、翻译这一史诗，其成果成为中国研究《格萨尔王传》最早、最重要的一批资料。80年代后，出版藏文《格萨尔王传》108部，蒙古文《格斯尔传》22部，学术研究专著20部，录制艺人说唱磁带5000小时，还召开了多届《格萨（斯）尔》国际学术研讨会。

在国外，对于这部史诗的关注始于18世纪。1776年俄国旅行家帕拉莱斯第一次向俄国人介绍北京木刻版《格斯尔可汗传》。以后这一版本先后被译成德文、俄文出版。20世纪，法国、英国、不丹、印度等国也相继收集、整理、出版了详略不一的各种文本。国外出版研究专著数种，研究文章多篇。2009年在联合国教科文组织保护非物质文化遗产政府间委员会第四次会议上，《格萨（斯）尔》被批准列入"人类非物质文化遗产代表作名录"。

# 文成公主传说

藏族历史人物传说。在这些民间传说中文成公主被塑造成可敬可爱的形象，体现了藏族人民珍惜民族团结的美好感情。作品主要内容：①叙述松赞干布具有雄才大略，他仰慕唐朝的先进文化，派大臣禄东赞带着优厚聘礼去长安请婚，歌颂了松赞干布渴望唐蕃友好的政治远见。②描绘唐太宗五试婚使，吐蕃婚使顺利地解答了唐皇提出的难题，歌颂了藏族使者的聪明才智。③描述文成公主将大批汉族工匠、科技文化书籍和大量贵重物品带进西藏，歌颂了唐朝对这次联姻的高度重视。④赞扬文成公主在风雪高原漫长的进藏路上，遇到困难不退缩，听到谗言不动摇，歌颂了公主坚韧不拔的意志和高瞻远瞩的见地。⑤讲文成公主受到西藏人民隆重热烈的欢迎，为西藏做了许多好事，歌颂了藏汉两个民族之间的鱼水深情。

文成公主的故事，在藏族地

西藏布达拉宫佛堂中文成公主和松赞干布的塑像

传为文成公主在西藏亲手所栽的"公主柳"（又称"唐柳"）

区家喻户晓，影响深远。不仅在藏文史籍中屡有记载，而且在民间也以多种形式广泛传播，有描绘文成公主长途跋涉由长安到拉萨的大型壁画；有演述她在西藏生活经历的藏剧和话剧；有怀念公主丰功伟绩的大量民歌。青海纳赤台地方的一口水井，据说文成公主喝过这井里的水，因而被人们称作"公主井"；在西藏山南地方，有一处公主洗过澡的温泉，被命名为"公主泉"；怒江上有座桥，相传最初由公主修建，因而称作"公主桥"；拉萨大昭寺门前的一株柳树，据说是公主亲手所栽，人们叫它"公主柳"。这些都标志着藏族人民对文成公主的景仰和怀念。文成公主的传说是人们世代传诵、不断丰富的艺术结晶。

# 《乌古斯传》

中国维吾尔族英雄史诗。又称《乌古斯可汗的传说》，是迄今发现保存得比较完整的一部古老的散文体史诗抄本。史诗产生年代较难断定，一般认为曾经过漫长的口承相传，内容得以不断丰富。流传至今最早的手抄本是15世纪左右在中亚七河流域的回鹘文抄本。首尾部分残缺。共42页，每页9行。现存巴黎国民图书馆。一些学者认为此抄本是根据13—14世纪新疆吐鲁番的回鹘文原本抄写的。《乌古斯传》主要讲述英雄乌古斯娶妻生子，率众征战的故事。按内容可分为两部分：第一部分记录族源传说以及古老的宗教信仰、自然崇拜和风俗习尚，反映古代维吾尔人对自然与社会的朴素认识。第二部分叙述乌古斯可汗的征战活动和业绩，以及维吾尔民族由小到大，从氏族时代到封建汗国时代漫长的历史发展过程。史诗结构严谨，层次清晰，语言古朴生动，节奏鲜明，现实描写与浪漫的神话、传说交织在一起，故事性很强。乌古斯可汗是真实的历史人物还是虚构的艺术形象，历来存有争议，较多的人坚持认为他是虚构的艺术形象，但不排除间接反映出某些历史事件影子的可能性。其中有关风俗与信仰的情节描述，以及所使用的回鹘文，反映出一定时期维吾尔人的文化形态，具有很强的史料价值，长期以来受到历史学家、文化人类学家和语言学家的高度重视。1980年新疆人民出版社分别出版了现代维吾尔文译本和汉文译本。

# 阿凡提故事

维吾尔族机智人物故事，是一系列以纳斯尔丁·阿凡提这个传奇人物为主人公的维吾尔民间幽默故事的总称。阿凡提这个形象，是维吾尔劳动人民在反抗历代反动统治阶级和封建世俗观念的斗争中塑造出来的一个理想化人物。他勤劳、勇敢、幽默、乐观，富于智慧和正义感，敢于蔑视反动统治阶级和一切腐朽势力。在他身上，体现了劳动人民的优良品质和爱憎分明的感情，反映了劳动人民的利益和愿望，是一个深为新疆各族人民喜爱的艺术形象。有关他的故事，数百年来在中国新疆维吾尔、哈萨克、乌孜别克、柯尔克孜、塔吉克等少数民族中都有流传，而在维吾尔族人民中流传得更为广泛，达到了家喻户晓的程度。这些故事题材广泛、构思奇巧、言简意赅、妙趣横生，大都具有鲜明的阶级立场和劳动人民的是非观念，是维吾尔族劳动人民在长期的阶级斗争和各种社会实践中集体智慧和艺术才能的结晶。1958年以来，在中国已先后出版汉、维、蒙、哈、藏5种文字多种版本的《阿凡提的故事》，其中戈宝权主编、中国民间文艺出版社1981年

拉金币的驴　选自《阿凡提的故事》插图

出版的版本，收入故事393则，是较全的一种版本。

在西亚的阿富汗、伊朗、土耳其诸国，苏联的乌孜别克、吉尔吉斯等加盟共和国，以及世界其他许多国家和地区，也广泛流传着阿凡提的故事。

## 苗族史诗

苗族民间创世神话叙事诗。流传于贵州省黔东清水江一带苗族地区。这部史诗的原始资料是1952年进行苗族语言调查中收集到的。之后，又进行过许多补充调查。马学良、今旦译注的《苗族史诗》，就是按照当时记录的素材，经一词一句的直译，再综合意译而成的。1983年由中国民间文艺出版社出版。

《苗族史诗》全文6000余行，共分5部分。其中，《金银歌》包括开天辟地、运金运银、铸日造月、射日射月，表现苗族先民对宇宙形成的认识和开天辟地的伟大壮举；《古枫歌》包括种子之屋、寻找树种、犁耙大地、撒播种子、砍伐古枫，表现苗族先民对枫树的图腾崇拜意识；《蝴蝶歌》包括蝶母诞生、十二个蛋、弟兄分居、打杀蜈蚣、寻找木鼓、追寻牯牛、寻找祭服、打猎祭祖，表现苗族先民的祖先崇拜和丰富

《苗族史诗》封面

多彩的祭祖仪式；《洪水滔天》叙述姜央兄妹结婚，再造人类的事迹；《溯河西迁》叙述苗族先民西迁途中跋山涉水、艰苦卓绝的斗争。整部史诗结构宏伟、包罗万象。民间歌手运用盘歌问答的方式和生动贴切的比喻，将幻想中的神话世界和现实生活紧密联系起来，拟人比事，趣味无穷。

苗族史诗除奇特的神话幻想之外，还详尽地记载了苗族族源、古代社会状况和风俗人情，具有很高的历史、民族、语言、民俗研究价值。

苗族史诗，习惯上又称"古歌"和"古史歌"。中华人民共和国成立后，许多民族民间文学工作者曾进行过悉心收集，发现了不少异文，引起国内外研究者的注意。1979 年贵州省民间文学组整理、田兵编选，贵州人民出版社出版的《苗族古歌》是较优秀的版本之一。

## 《勒俄特依》

彝族创世史诗。流传于四川省凉山彝族自治州境内。"勒俄特依"系彝语音译，意为"传说历史书"。作品异文很多，长短不一，除口头流传外，民间还有不少彝族手抄本。各种异文可大致

分为详本与略本两类，详本习称《勒俄阿补》。

《勒俄特依》包括"开天辟地""创造生物""支格阿龙系谱""射日月""洪水潮天""选住地"等十几个部分。它曲折形象地反映了彝族先民对大自然及其变化规律的探索和认识。史诗前一部分塑造了天神恩特古滋和支格阿龙等艺术形象，描述了他们在创造天地万物中的神奇功绩，想象奇特。后一部分幻想成分较少，更接近于现实生活，记叙了彝族先民进入凉山的迁徙路线和家支间的争讼。有的手抄本直接纳入家族谱系，对研究彝族社会历史有一定参考价值。

《勒俄特依》基本上由五音节诗句构成，间或杂以三、七音节或七音节以上的诗句。不入乐，但吟诵时节奏鲜明，富于音乐感，多在节日及婚丧场合吟诵。吟诵方式或独诵，或以相互考问的方式对诵。1960年四川人民出版社出版的《勒俄特依》汉文本和1978年《凉山彝族奴隶社会》编写组刊印的彝文原本是两个有代表性的版本。

# 《阿诗玛》

中国彝族叙事长诗。流传在云南路南圭山一带彝族支系撒尼人中。长诗异文较多，除了民间口头流传外，还有多种彝文抄本。长诗最早经云南省人民文工团圭山工作组搜集，由黄铁、公刘等人在20种异文基础上进行了第一次整理，于1954年发表并出版了4种不同的单行本，此后近50

年中，又对《阿诗玛》进行了多次整理，先后有多种版本问世。2002年云南民族出版社出版赵德光主编的《阿诗玛文化丛书》，包括原始资料、文献和研究论文，共3卷，为《阿诗玛》研究提供了全面的科学版本。

长诗的主要内容是阿着底山上，穷苦人格尔依尼家有一个聪慧美丽的女儿，名叫阿诗玛。山下的财主热布巴拉之子阿支看上阿诗玛，下毒手劫持阿诗玛，逼她允婚。阿诗玛的哥哥阿黑得知后只身赶去营救。与热布巴拉父子三次比智、三次比武，阿黑大获全胜。慑服于阿黑的"神力"，财主不得不放了阿诗玛。他们暗地里勾结岩神，在兄妹俩回家的路上放出洪水，淹没了阿诗玛。从此，在撒尼的高山上、云雾中，长久地回

云南昆明石林"阿诗玛"

响着她不屈的歌声："日灭我不灭，云散我不歇，我的灵魂永不息，我的声音永不绝。"

长诗细腻地描写阿诗玛从诞生到成人、从被劫到被害的全过程，塑造了阿诗玛和阿黑这两个可爱的形象，生动反映出彝族社会的历史和劳动人民不屈不挠的斗争精神，寄托了撒尼人美好的生活理想。长诗的艺术构思颇具匠心：在情节的发展上将想象寓于情理之中；娴熟运用民间口头叙事传承中典型的三段式结构；结局以石林群峰之间的自然回声拟化出阿诗玛回环往复的歌声，生发出撼人心魄、耐人回味的悲剧艺术魅力。长诗这种艺术表现手法与彝族传统的爱情幻想故事一脉相承。

《阿诗玛》先后被译为英、日、俄等文字，并被改编为京剧、舞剧和电影，在国内外都有深远的影响。舞剧《阿诗玛》的编剧为赵惠和、苏元祥、徐演（执笔）、李学忠，编导为赵惠和、苏元祥、周培武、陶春，作曲为万里、黄田，舞美设计为闵广林、熊代友。从表现人物的内心情感出发，全剧以色块而不是场次为框架结构组织全剧，以黑、绿、红、灰、金、蓝、白等七彩舞段分别表现阿诗玛的诞生、成长、爱情的忧愁、囚笼中的压抑、洪水中的搏斗，以及回归自然。舞剧打破时空顺序，摆脱叙事的直白，充满诗情。剧中独具特色的舞蹈与音乐，呈现出丰富多彩的民俗文化。

# 《玛纳斯》

中国柯尔克孜民族英雄史诗。主要流传于中国新疆南部的克孜勒苏柯尔克孜自治州及新疆北部特克斯草原及塔城等山区。此外，中亚的吉尔吉斯斯坦、哈萨克斯坦也是《玛纳斯》重要的流传地域，阿富汗的北部地区也有《玛纳斯》流传。

**传承与发展** 《玛纳斯》是口承史诗。民间歌手玛纳斯奇在史诗的传承中起着重要的作用。他们既是史诗的传承者，也是史诗的创作者，一般都具有较强的即兴创作才能。20世纪60年代，

民间《玛纳斯》演唱活动

在中国尚有88位玛纳斯奇，其中最著名的是新疆阿合奇县的居素甫·玛玛依和新疆乌恰县的艾什玛特·买买提（1894—1963）。

柯尔克孜人世代过着逐水草而居的游牧生活，每逢喜庆佳节、祭典仪式、亲朋好友聚会，《玛纳斯》的演唱活动最为盛行。玛纳斯奇的演唱，不用乐器伴奏，情节的变化、英雄人物喜怒哀乐的感情，主要依靠歌手的面部表情、手势及演唱的曲调加以表现。《玛纳斯》在漫长的流传过程中，经历了一个由简至繁、由短变长、由一部增殖到数部的发展过程。由于歌手的师承、生活地域的不同，《玛纳斯》的异文特别丰富，各种异文的基本内容大同小异，演唱风格及一些情节的处理却迥然有异。居素甫·玛玛依演唱的8部《玛纳斯》，每部的篇名均采用玛纳斯家族英雄的名字命名：

第一部为《玛纳斯》，第二部为《赛麦台依》，第三部为《赛依铁克》，第四部为《凯涅尼木》，第五部为《赛依特》，第六部为《阿斯勒巴恰与别克巴恰》，第七部为《索木碧莱克》，第八部为《奇格台依》。史诗《玛纳斯》有广义与狭义之别。广义的《玛纳斯》是包括上述8部史诗在内的整部史诗的总称，而狭义的《玛纳斯》则是指史诗的第一部《玛纳斯》。

**主要内容** 《玛纳斯》描写了英雄玛纳斯及其七代子孙前仆后继，率领柯尔克孜人民与外来侵略者和各种邪恶势力进行斗争的事迹。8部史诗中，第一部《玛纳斯》的内容最为古朴，所蕴含的古老文化因素也最多。它的结构十分完整，艺术上亦最为纯熟。规模最为宏伟，占到整部史诗的四分之一篇幅。第一部《玛纳斯》是8部史诗的核心，国内外学者

对于史诗《玛纳斯》的研究也主要集中于这一部。第一部《玛纳斯》描写了玛纳斯一生非凡的英雄业绩。少年玛纳斯即策马挥戈，率领柯尔克孜人民与入侵之敌展开浴血的搏斗，杀死敌人的将领，把侵略者赶出柯尔克孜领地，成为统率外七汗、内七汗共14位汗的大可汗，统率包括柯尔克孜各部落在内的60个突厥语部落联盟的总首领。为根除后患，他率众远征，浴血搏斗，大获全胜后登上卡勒玛克首领昆吾尔的宝座。由于玛纳斯乐而忘返，结果被埋伏在路旁的败将昆吾尔的毒斧砍中头部，不幸身亡。

**艺术特色** ①与其他史诗一样，《玛纳斯》对于人物与事件的叙述采用全知视角。叙事方式上，采用的是由本至末的顺时的连贯叙事方式，即基本按照事件发生的时序对事件进行叙述。例如，

史诗第一部从玛纳斯的诞生叙述到玛纳斯之死，第二部亦是从玛纳斯之子赛麦台依的诞生叙述到赛麦台依被害。第三部至第八部的叙事模式基本如此。谱系式叙事结构是史诗《玛纳斯》重要的叙事特征之一，每部史诗描写一位玛纳斯家族的英雄，上部史诗主人公与下部史诗主人公均为父子关系。②叙事语言具有鲜明的民族特点与地域特点。例如，史诗形容玛纳斯"像发情的公驼一样冲向敌阵"，"马头大的金块"，

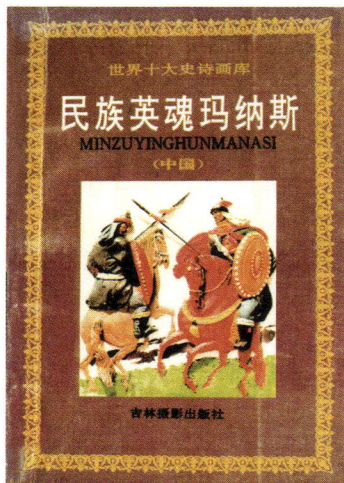

《民族英魂玛纳斯》封面

"公羊大的鱼"，"羊虱般渺小的敌人"，"毡房大的石块"等，这些比喻与柯尔克孜的游牧生活密切相关。③语言具有很强的节奏感、韵律性、音乐性。史诗的每个诗行多由7至8个音节组成，押韵形式丰富多彩。押头韵是《玛纳斯》的重要押韵形式之一，通常情况下头韵与脚韵并用。④形象塑造别具魅力。玛纳斯是草原之子，是一位勇猛剽悍、狂放不羁、能征善战的勇士。史诗中描绘他的外貌与他的性格一样粗犷豪放，虽然不是一位完美无缺的常胜英雄，但始终充满原始激情与新鲜活力。史诗还塑造了一个英雄群体，玛纳斯身旁的14位汗王和40名勇士，族属不同，性格各异，但是在征战中，并肩出征，同舟共济。其中楚瓦克勇猛善战，巴卡依汗是位智慧的长者，阿勒曼别特智勇双全，阿吉巴依容貌俊美、口才出众。他们个性鲜明，各有各的独特本领，在史诗中占有重要的位置。《玛纳斯》中的妇女形象最为光彩照人。英雄玛纳斯之妻卡妮凯，美丽动人，善良贤惠，并具有未卜先知、使人死而复生的超人神力；英雄赛麦台依之妻阿依曲莱克是一位具有倾国倾城美貌的仙女，遇到紧急情况，便能幻化成白天鹅在蓝天上翱翔；玛纳斯之孙赛依铁克的妻子库亚勒是位善战的仙女，她力大无比，多次从敌人手中救出被俘的丈夫；英雄凯涅尼木之妻绮尼凯精通魔法；英雄赛依特之妻克勒吉凯以智慧战胜千军万马。

**地位与影响** 《玛纳斯》从古老的柯尔克孜史诗与丰厚的柯尔克孜民间文学中吸取营养，它包容着柯尔克孜古老的神话、各类传说、习俗歌谣以及大量的民间叙事诗与民间谚语等，集柯尔

克孜民间文学之大成，在柯尔克孜文学史上起着承前启后的重要作用。它对于后世柯尔克孜民族文学的发展产生着深远的影响，尤其是对于柯尔克孜族作家文学的形成有着巨大的、潜移默化的影响。

《玛纳斯》的普查工作始于20世纪60年代。普查中发现了许多演唱《玛纳斯》的歌手，记录了《玛纳斯》的各种异文。自20世纪60年代起，记录、整理、出版了居素甫·玛玛依演唱的8部《玛纳斯》柯尔克孜文本。目前已有英、俄、汉、土、日、哈等多种译文。由各国各民族学者组成的《玛纳斯》研究队伍日渐扩大，《玛纳斯》的研究也取得了丰硕的成果。

# 《盘王歌》

中国瑶族古典歌谣集。又称《盘王大歌》。歌集有24段、32段和36段三种汉文手抄本，最晚于宋代就流传于自称"勉"的瑶族民间。《盘王歌》是祭祀盘王的主要唱本。它的篇目繁多，内容包罗万象，主要有神话、传说、古事、生产、生活、恋情、妇女苦情及滑稽取乐等，其中也间杂有宗教迷信的成分，如《请答定》宣扬佛教的天命论。全集700余首，3000多行，其中有7支曲牌，称为"七任曲"，即"黄条沙""三逢闲""万段曲""荷叶杯""南花子""飞江南""梅花曲"。每支曲子唱法不同，歌词格律各异。《盘王歌》虽是祭祖歌集，但其中保存了有关瑶族文学、历史及民间音乐的史料，因而极为珍贵。

## 《布伯》

中国壮族神话。有两种文体流传，一为散文体，一为韵文体，内容大体相同。讲述的是英雄布伯同天上雷王做斗争的故事。布伯为拯救人类免遭旱灾，同天上雷王相争取胜，将雷王囚禁在谷仓里。雷王虽被迫答应降雨，但趁布伯外出之机，从布伯的儿女伏依兄妹手中骗取了喂猪水，喝后力气大增，踢坏谷仓，逃回天界。为对人类施加报复，他掘开天池，降下洪水，企图一举淹尽天下人。当洪水涨满天空时，雷王打开天门，正遇布伯手持利剑，骑着漂在水面上的舂杵，向天门游来。雷王慌忙执斧应战，布伯挥剑砍断雷王一条腿，劈下了雷王的上嘴唇（从此有了雷王独脚、嘴如鸡啄的传说）。不料，雷王的兄弟龙王变作一条腊锥鱼，用鱼鳍锯断了布伯的舂杵，致使布伯落水牺牲。接着布伯的心飞上天空成为启明星。此时，天下人已

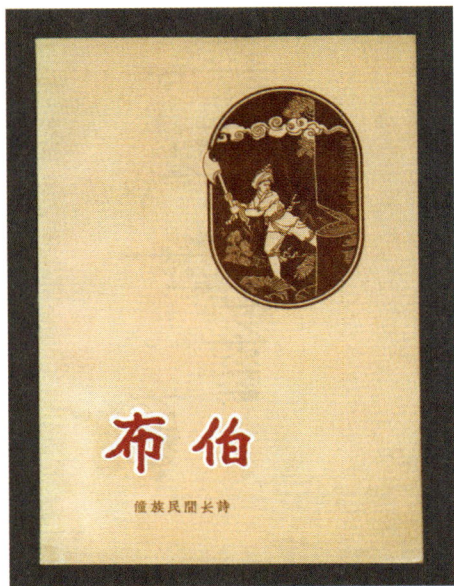

《布伯》封面

尽死于洪水，唯有伏依兄妹坐在大葫芦里，得以保全性命。他们经乌龟、竹子、烟火说合，结成夫妻。后来生下一肉团，误以为妖怪，用刀剁碎后撒在大地上，从此到处又有了人烟。这则神话反映出壮族先民的观念和信仰，以及与洪水、干旱等自然灾害做斗争的英雄气概。

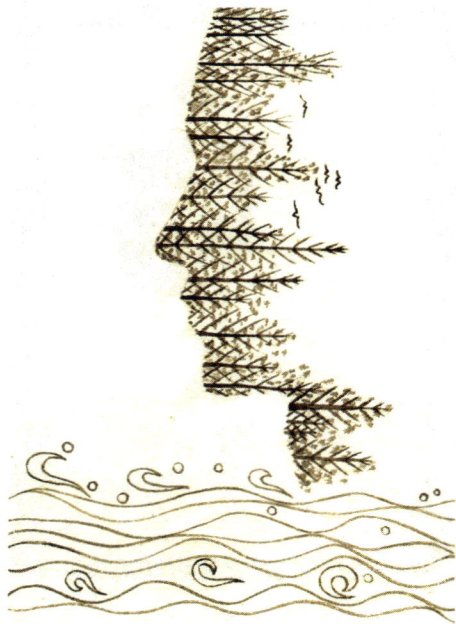

## 《召树屯》

中国傣族民间叙事长诗。作品以口头说唱和手抄本两种形式在傣族地区广为流传。有多种异文。1956 年由岩叠、王松等人据西双版纳地区的 9 部手抄本翻译、整理为汉文本，先后由云南人民出版社、人民出版社和作家出版社出版。长诗讲述的是：古代勐板加王国的王子召树屯遇到了在湖里沐浴的 7 个孔雀公主。他与最小的喃木诺娜一见钟情，结为夫妇。不久，边境爆发战争。王子率军出征后，宫廷祭司摩古拉诬称喃木诺娜是妖女，引来了战争，欲杀之祭祀神灵。公主死前要求一舞，趁机换上孔雀衣，飞

《召树屯》插图（刘绍荟作）

回了孔雀国勐董板。王子凯旋后得知妻子被谗言逼走，历经千难万险寻到孔雀国。经过重重考验，恩爱的夫妻终得以团聚。作品歌颂王子与公主的忠贞爱情，并以男女主人公的悲欢离合为主线，表达古代傣族人民美好的生活理想。长诗具有浓郁的傣族传统文学特质和森林文化情调。这部长诗的故事母题属"天鹅处女型"，在东南亚许多国家都有流传，如印度的《树屯和曼诺拉》、泰国的

《素吞与诺娜》或《娘曼诺娜》、老挝的《树屯坡别》，此外在中国西藏也有流传。长诗被翻译成英、俄等多种文字，还先后被移植、改编为壁画、小型傣戏、木偶戏、大型舞剧、电影等，在国内外极富影响。